후루룩 일본어

왕초보 문법 + 쓰기 연습

JN445636

후루룩외국어 X 시대에듀

이렇게 쉽고 맛있는 일본어는 없었다!

후루룩 일본어

왕초보 문법 + 쓰기 연습

후루룩 외국어 X 시대에듀

머리말

면을 후루룩 넘기듯 쉽고 맛있게
일본어와 친해져 볼까요?

가족이나 친구 앞에서 막힘없이 일본어로 소통하는
나의 모습, 상상해 보세요.
이 책은 바로 그 지점에서 출발합니다.

여러분, 안녕하세요.
바쁜 일상을 살아가면서 우리는 왜 시간을 쪼개 영어든 일본어든 새로운 언어를 배우려 할까요? 아마도 마음 한편에는 유창하게 외국어로 말하고 싶은 마음이 조용히 자리하고 있기 때문이 아닐까 합니다.
그중에서도 일본어는 한국 사람이라면 발음이 비교적 쉽고, 말문을 트기까지 걸리는 시간도 빠른 언어입니다. 게다가 일본은 지리적으로도 가까워서 배운 표현을 바로 실전에 적용해 볼 수 있다는 매력도 있지요.

한편, 이런 질문도 자주 들어요.
"요즘은 AI 번역기도 이렇게 잘 되어 있는데, 굳이 책으로 공부할 필요가 있을까요?"
맞아요. 여행 중 답답할 때, 무엇보다 AI 번역기는 막힌 속을 뻥 뚫어 주는 정말 고마운 도구입니다.

하지만 여러분, AI 기능은 '답답함'을 해결해 줄 수는 있어도, 내가 직접 말하고 소통하는 나의 로망까지 대신해 주지는 못합니다. 현지에서 직접 한 마디를 건넸을 때의 설렘과 상대방과 말이 통했을 때의 쾌감은 느끼게 해 줄 수 없으니까요.

차분히 조금씩 그리고 하나씩.
한 마디라도 내 마음을 직접 전달해 보는 것.
그것이 이 책의 목표입니다.

그 목표를 위해 이 책은 말할 때 꼭 필요한 문징의 규칙을 학습한 후, 쓰기 연습을 통해 내 것으로 만들고, 현지에서 한 마디를 직접 건네는 경험으로 확장합니다.

여러 교육·인지과학 연구에서는 손으로 필기한 학습자가 타이핑한 학습자보다 기억력 향상과 학습 집중력 강화에 도움이 된다고 해요. 특히 외국어 학습에서 효과가 크다는 연구 결과를 바탕으로 후루룩외국어연구소에서는 손으로 직접 써 보는 과정을 커리큘럼에 적극적으로 반영하여, 학습자가 표현을 보다 자연스럽게 익히고 효과적으로 외국어를 학습할 수 있도록 돕고 있습니다.

“부담스럽지 않게, 하지만 똑똑하게”

면을 후루룩 넘기듯
쉽고 맛있게 일본어를 익혀 가는 경험.
그 여정을 이 책과 함께 시작해 보세요.

신명숙 · 후루룩외국어연구소 드림

책의 구성&활용법

'후루룩 일본어 왕초보 문법 + 쓰기 연습'은 일본어 왕초보 탈출에 꼭 필요한 키포인트 문법을 쉽고 즐겁게 해설하고, 학습한 문법을 바탕으로 간단한 액티비티를 통해 아웃풋에 도전해 볼 수 있도록 구성되어 있습니다. Day1부터 Day14까지 하루 25분씩 총 2주간 커리큘럼에 맞춰 학습해 보세요.

후루룩 외국어는 **자신에게 맞는 속도의 외국어를 추구합니다.**
일본어 문법과 쓰기를 쉽고 맛있게 후루룩 학습해 보세요.

워밍업

❶ 오늘의 테마 맛보기

이번 장에서 연습할 주제를 미리 확인하고 어떤 문법들이 등장할지 추측해 보세요.

❷ 원어민 음성 듣기 QR

본문에 수록된 모든 문장을 원어민의 발음으로 들어볼 수 있어요. 학습에 활용해 보세요.

⊕ MP3파일은 홈페이지에서도 다운로드 받으실 수 있어요!

❸ Can-do 확인

이번 장을 모두 마치고 나면 무엇을 달성할 수 있는지 미리 확인할 수 있어요.

MP3 다운로드 방법

1. www.sdedu.co.kr로 접속
2. 홈페이지 상단 〈학습자료실〉에서 'MP3' 항목 클릭
3. 검색창에 '후루룩 일본어 왕초보 문법 + 쓰기 연습' 검색하여 MP3 다운로드

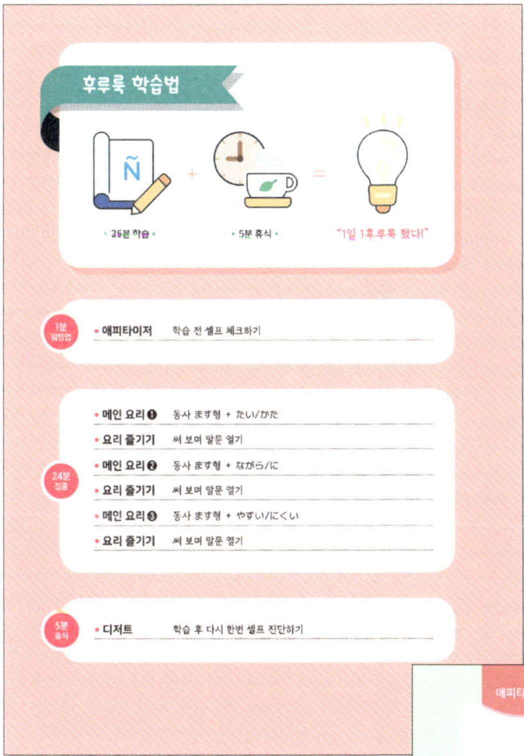

후루룩 학습법

25분 학습 + 5분 휴식 = "1일 1후루룩 했다!"

1분 워밍업 • 애피타이저 학습 전 셀프 체크하기

24분 집중
• 메인 요리❶ 동사 ます형 + たい/かた
• 요리 즐기기 써 보며 말문 열기
• 메인 요리❷ 동사 ます형 + ながら/に
• 요리 즐기기 써 보며 말문 열기
• 메인 요리❸ 동사 ます형 + やすい/にくい
• 요리 즐기기 써 보며 말문 열기

5분 휴식 • 디저트 학습 후 다시 한번 셀프 진단하기

후루룩 학습법

• 후루룩 학습법 체크하기

'후루룩 일본어'는 '후루룩 타이머(25분 학습+5분 휴식)'에 맞춰 학습하도록 구성되어 있어요. 본격적인 학습에 앞서 각 코스 요리의 학습목표와 주어진 시간을 미리 체크해 보세요.

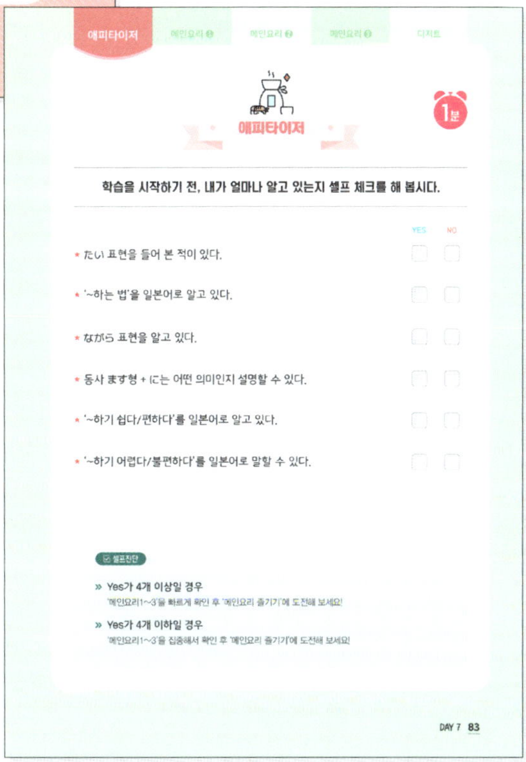

애피타이저 메인요리❶ 메인요리❷ 메인요리❸ 디저트

애피타이저 1분

학습을 시작하기 전, 내가 얼마나 알고 있는지 셀프 체크를 해 봅시다.

	YES	NO
• たい 표현을 들어 본 적이 있다.		
• '~하는 법'을 일본어로 알고 있다.		
• ながら 표현을 알고 있다.		
• 동사 ます형 + に는 어떤 의미인지 설명할 수 있다.		
• '~하기 쉽다/편하다'를 일본어로 알고 있다.		
• '~하기 어렵다/불편하다'를 일본어로 말할 수 있다.		

셀프진단

» Yes가 4개 이상일 경우
'메인요리1~3'을 빠르게 확인 후 '메인요리 즐기기'에 도전해 보세요!

» Yes가 4개 이하일 경우
'메인요리1~3'을 집중해서 확인 후 '메인요리 즐기기'에 도전해 보세요!

DAY 7 83

코스1. 애피타이저

후루룩 코스 첫 번째는 〈애피타이저〉예요. 학습 시작 전에 오늘의 학습 내용에 대해 얼마나 알고 있는지 셀프 체크해 보세요.

❶ 학습 전 셀프 체크

오늘의 학습 내용과 관련된 간단한 6개의 질문에 YES 혹은 NO로 답하며 현재 나의 상태를 체크해 보세요.

❷ 셀프 진단

체크리스트를 마친 후 셀프 진단에 따라 학습 방향 및 계획을 설정해 보세요.

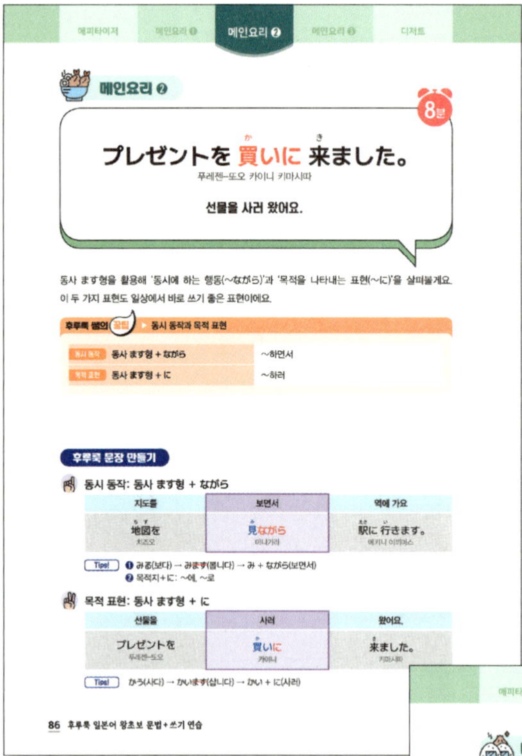

에피타이저 | 메인요리 ❶ | 메인요리 ❷ | 메인요리 ❸ | 디저트

메인요리 ❷

8분

プレゼントを買いに来ました。

푸레젠-또오 카이니 키마시따

선물을 사러 왔어요.

동사 ます형을 활용해 '동시에 하는 행동(~ながら)'과 '목적을 나타내는 표현(~に)'을 살펴볼게요. 이 두 가지 표현도 일상에서 바로 쓰기 좋은 표현이에요.

후루룩 쌤의 꿀팁 ▸ 동시 동작과 목적 표현

동시 동작	동사 ます형 + ながら	~하면서
목적 표현	동사 ます형 + に	~하러

후루룩 문장 만들기

동시 동작: 동사 ます형 + ながら

지도를	보면서	역에 가요
地図を 치즈오	見ながら 미나가라	駅に 行きます。 에키니 이끼마스

Tips! ❶ みる(보다) → みます(봅니다) → み + ながら(보면서)
❷ 목적지+に: ~에, ~로

목적 표현: 동사 ます형 + に

선물을	사러	왔어요.
プレゼントを 푸레젠-또오	買いに 카이니	来ました。 키마시따

Tips! かう(사다) → かいます(삽니다) → かい + に(사러)

86 후루룩 일본어 왕초보 문법+쓰기 연습

코스2. 메인요리

후루룩 코스 두 번째는 〈메인요리〉예요. 본격적으로 학습을 시작하는 코너로 각 Day 마다 3개씩 학습 테마를 배치했어요.

❶ 핵심 문법과 꿀팁

일본어 왕초보 탈출에 필요한 핵심 문법을 후루룩 쌤의 친절한 해설과 함께 학습해 보세요.

❷ 후루룩 문장 만들기

핵심 문법을 예문과 함께 좀 더 자세히 학습해 보세요. 접속 형태와 의미, 팁으로 문장 구조를 이해하고 작문의 기초를 다질 수 있어요.

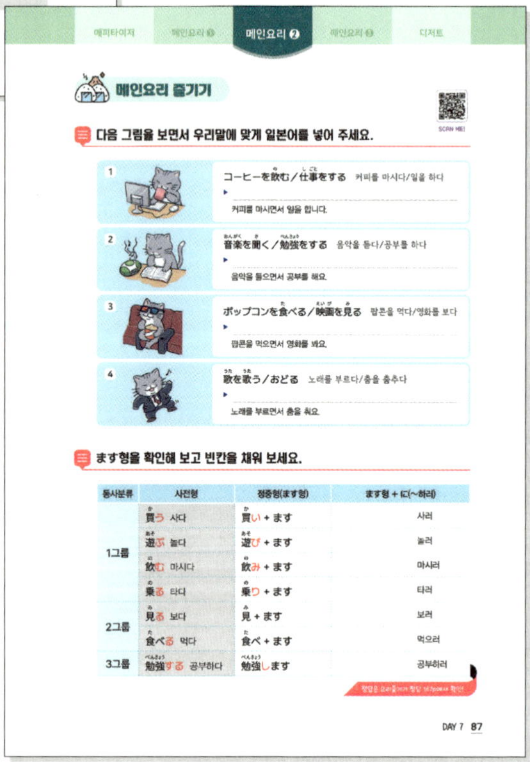

에피타이저 | 메인요리 ❶ | 메인요리 ❷ | 메인요리 ❸ | 디저트

메인요리 즐기기

SCAN ME!

다음 그림을 보면서 우리말에 맞게 일본어를 넣어 주세요.

1 コーヒーを飲む／仕事をする 커피를 마시다/일을 하다
▸
커피를 마시면서 일을 합니다.

2 音楽を聞く／勉強をする 음악을 듣다/공부를 하다
▸
음악을 들으면서 공부를 해요.

3 ポップコンを食べる／映画を見る 팝콘을 먹다/영화를 보다
▸
팝콘을 먹으면서 영화를 봐요.

4 歌を歌う／おどる 노래를 부르다/춤을 추다
▸
노래를 부르면서 춤을 춰요.

ます형을 확인해 보고 빈칸을 채워 보세요.

동사분류	사전형	정중형(ます형)	ます형 + に(~하러)
1그룹	買う 사다	買い + ます	사러
	遊ぶ 놀다	遊び + ます	놀러
	飲む 마시다	飲み + ます	마시러
	乗る 타다	乗り + ます	타러
2그룹	見る 보다	見 + ます	보러
	食べる 먹다	食べ + ます	먹으러
3그룹	勉強する 공부하다	勉強します	공부하러

DAY 7 87

❸ 메인요리 즐기기

핵심 문법을 직접 쓰고 작문해 보며 내 것으로 만드는 코너예요. 한 줄 한 줄 채워 보며 성취감을 느낄 수 있어요.

⊕ 쓰기 연습이 끝난 후 꼭 QR코드를 스캔하여 원어민의 생생한 발음을 듣고 따라해 보세요.

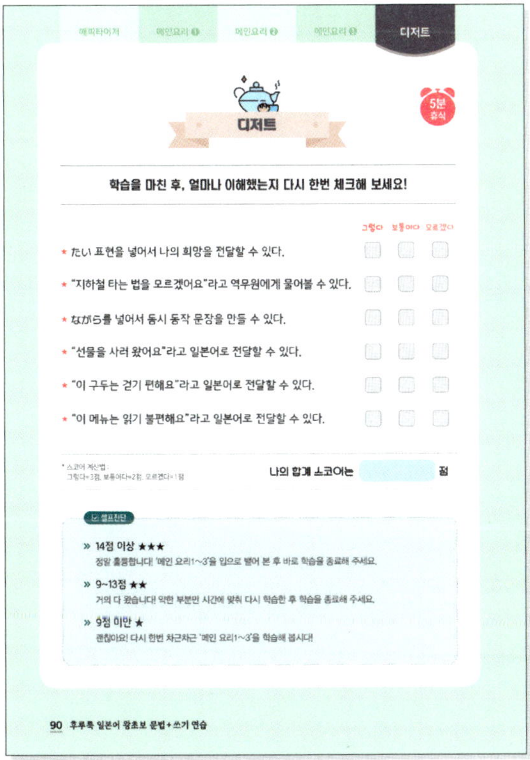

코스3. 디저트

후루룩 코스의 마지막은 〈디저트〉예요. 학습을 모두 마친 후 오늘의 학습 내용에 대해 얼마나 이해했는지 다시 한번 체크해 볼 수 있어요.

❶ 학습 후 실력 점검

앞에서 학습한 내용에 대한 디테일한 질문 6개에 '그렇다/보통이다/모르겠다' 3단계로 답하고 합계 스코어를 계산하여 나의 실력을 최종 점검해 보세요.

❷ 마무리 진단

정밀 진단에 따라 약한 부분을 복습할지 혹은 학습을 종료할지 스스로 컨트롤할 수 있어요.

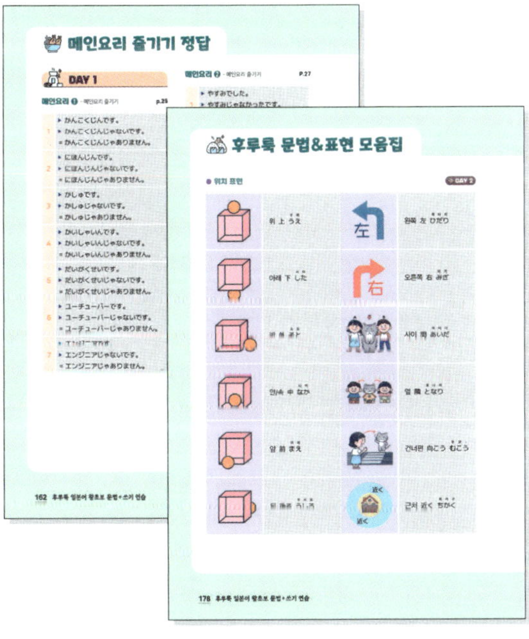

부록

• 메인요리 즐기기 정답

〈메인요리 즐기기〉 코너 연습 문제의 정답을 확인할 수 있도록 정답지를 부록 162p에 수록했어요.

• 후루룩 문법 & 표현 모음집

본문에 수록된 중요 문법이나 표현을 한눈에 볼 수 있도록 부록 178p에 정리해 놓았고, 빈칸 채우기 코너를 통해 다시 한번 실력을 점검할 수 있어요.

먼저 읽어 보는 일본어

✲ 본격적인 학습을 시작하기 전 일본어 문자와 인사말 표현에 대해 가볍게 읽어 보세요.

1. 히라가나 : 일본어를 구성하는 가장 기본적인 문자로 총 46개예요.

	あ단	い단	う단	え단	お단
あ행	あ 아[a]	い 이[i]	う 우[u]	え 에[e]	お 오[o]
か행	か 카[ka]	き 키[ki]	く 쿠[ku]	け 케[ke]	こ 코[ko]
さ행	さ 사[sa]	し 시[shi]	す 스[su]	せ 세[se]	そ 소[so]
た행	た 타[ta]	ち 치[chi]	つ 츠[tsu]	て 테[te]	と 토[to]
な행	な 나[na]	に 니[ni]	ぬ 누[nu]	ね 네[ne]	の 노[no]
は행	は 하[ha]	ひ 히[hi]	ふ 후[hu]	へ 헤[he]	ほ 호[ho]
ま행	ま 마[ma]	み 미[mi]	む 무[mu]	め 메[me]	も 모[mo]
や행	や 야[ya]		ゆ 유[yu]		よ 요[yo]
ら행	ら 라[ra]	り 리[ri]	る 루[ru]	れ 레[re]	ろ 로[ro]
わ행	わ 와[wa]				を 오[wo]
ん	ん 응[N]				

Tips!

- わ행의 'を'는 우리말 '~을/를'과 같이 조사의 역할을 하며 혼자서 쓰이지 않아요.
- ん은 우리말 받침 중 'ㄴ, ㅁ, ㅇ'과 발음이 유사하고, 주로 다른 글자와 붙어 받침과 같은 역할을 해요.

2. 가타카나 : 주로 외래어를 표기할 때 사용하는 문자로 개수는 히라가나와 같아요.

	ア단	イ단	ウ단	エ단	オ단
ア행	ア 아[a]	イ 이[i]	ウ 우[u]	エ 에[e]	オ 오[o]
カ행	カ 카[ka]	キ 키[ki]	ク 쿠[ku]	ケ 케[ke]	コ 코[ko]
サ행	サ 사[sa]	シ 시[shi]	ス 스[su]	セ 세[se]	ソ 소[so]
タ행	タ 타[ta]	チ 치[chi]	ツ 츠[tsu]	テ 테[te]	ト 토[to]
ナ행	ナ 나[na]	ニ 니[ni]	ヌ 누[nu]	ネ 네[ne]	ノ 노[no]
ハ행	ハ 하[ha]	ヒ 히[hi]	フ 후[hu]	ヘ 헤[he]	ホ 호[ho]
マ행	マ 마[ma]	ミ 미[mi]	ム 무[mu]	メ 메[me]	モ 모[mo]
ヤ행	ヤ 야[ya]		ユ 유[yu]		ヨ 요[yo]
ラ행	ラ 라[ra]	リ 리[ri]	ル 루[ru]	レ 레[re]	ロ 로[ro]
ワ행	ワ 와[wa]				ヲ 오[wo]
ン	ン 응[N]				

Tips!

- 생김새가 비슷한 글자에 유의하셔야 해요. 예 シ(시) – ツ(츠) | ソ(소) – ン(응)
- ワ행의 'ヲ' 또한 조사 '~을/를'의 역할을 하나 잘 사용하지 않는 글자예요.

3. 탁음 : か・さ・た・は행에서 쓰이는 문자로 우측 위에 2개의 점 ‘ ゛ ’으로 표기해요.

が ガ	가 ga	ぎ ギ	기 gi	ぐ グ	구 gu	げ ゲ	게 ge	ご ゴ	고 go
ざ ザ	자 za	じ ジ	지 ji	ず ズ	즈 zu	ぜ ゼ	제 ze	ぞ ゾ	조 zo
だ ダ	다 da	ぢ ヂ	지 ji	づ ヅ	즈 zu	で デ	데 de	ど ド	도 do
ば バ	바 ba	び ビ	비 bi	ぶ ブ	부 bu	べ ベ	베 be	ぼ ボ	보 bo

4. 반탁음 : は행에서 쓰이는 문자로 우측 위에 1개의 동그라미 ‘ ゜ ’로 표기해요.

ぱ パ	파 pa	ぴ ピ	피 pi	ぷ プ	푸 pu	ぺ ペ	페 pe	ぽ ポ	포 po

5. 요음 : い단 글자 옆에 や행의 3글자 ‘や・ゆ・よ’를 작게 붙여 쓴 문자예요.

きゃ キャ	캬 kya	きゅ キュ	큐 kyu	きょ キョ	쿄 kyo
ぎゃ ギャ	갸 gya	ぎゅ ギュ	규 gyu	ぎょ ギョ	교 gyo
しゃ シャ	샤 sha	しゅ シュ	슈 shu	しょ ショ	쇼 sho
じゃ ジャ	쟈 ja	じゅ ジュ	쥬 ju	じょ ジョ	죠 jo
ちゃ チャ	챠 cha	ちゅ チュ	츄 chu	ちょ チョ	쵸 cho
ぢゃ ヂャ	쟈 ja	ぢゅ ヂュ	쥬 ju	ぢょ ヂョ	죠 jo

にゃ ニャ	냐 nya	にゅ ニュ	뉴 nyu	にょ ニョ	뇨 nyo
ひゃ ヒャ	햐 hya	ひゅ ヒュ	휴 hyu	ひょ ヒョ	효 hyo
びゃ ビャ	뱌 bya	びゅ ビュ	뷰 byu	びょ ビョ	뵤 byo
ぴゃ ピャ	퍄 pya	ぴゅ ピュ	퓨 pyu	ぴょ ピョ	표 pyo
みゃ ミャ	먀 mya	みゅ ミュ	뮤 myu	みょ ミョ	묘 myo
りゃ リャ	랴 rya	りゅ リュ	류 ryu	りょ リョ	료 ryo

6. 촉음 : た행의 つ을 조그맣게(っ・ッ) 표기한 것으로, 글자 뒤에 붙어 받침과 같은 역할을 해요. 다만 우리말의 받침과 달리 한 박자로 발음되는 점에 주의하셔야 해요.

❶ 촉음이 か행 앞에 오는 경우 [ㄱ] 발음

예 がっこう [가ㄱ꼬-] 학교 | コロッケ [코로ㄱ케] 고로케

❷ 촉음이 さ・た행 앞에 오는 경우 [ㅅ] 발음

예 ざっし [자ㅅ시] 잡지 | ネット [네ㅅ또] 인터넷

❸ 촉음이 ぱ행 앞에 오는 경우 [ㅂ] 발음

예 しっぽ [시ㅂ뽀] 꼬리 | スリッパ [스리ㅂ빠] 슬리퍼

7. 발음 : 히라가나의 'ん', 가타카나의 'ン'을 말하며 촉음과 마찬가지로 우리말 받침과 유사한 역할을 해요. 역시 한 박자로 발음해야 해요.

❶ 발음이 か・が행 앞에 오는 경우 [ㅇ] 발음

예 にほんご [니호ㅇ고] 일본어 | シンガー [시ㅇ가-] 가수

❷ 발음이 さ・ざ・た・だ・な・ら행 앞에 오는 경우 [ㄴ] 발음

예 べんり [베ㄴ리] 편리(함) | レンズ [레ㄴ즈] 렌즈

❸ 발음이 ま・ば・ぱ행 앞에 오는 경우 [ㅁ] 발음

예 せんぱい [세ㅁ빠이] 일본어 | キャンプ [캬ㅁ뿌] 캠프

❹ 발음이 あ・は・や・わ행 앞, 맨 끝에 오는 경우 [ㄴ,ㅇ] 발음

예 でんわ [데ㅇ와] 전화 | リボン [리보ㅇ] 리본

8. 일상생활 인사말 표현

おはようございます。
안녕하세요.(아침)

こんにちは。
안녕하세요.(점심)

こんばんは。
안녕하세요.(저녁)

さようなら。(じゃ、また。)
안녕히 가세요. (그럼, 또 보자.)

おげんきで。
잘 지내세요.

おやすみなさい。(おやすみ。)
안녕히 주무세요. (잘 자.)

いただきます。
잘 먹겠습니다.

ごちそうさまでした。
잘 먹었습니다.

ありがとうございます。
고맙습니다.
どういたしまして。
천만에요.

すみません。
죄송합니다.

すみません。
감사합니다.

すみません。
저기요.

차례

PREFACE　STRUCTURES　OVERVIEW　**CONTENTS**

1후루룩 완료!

DAY 5 "와이파이 비밀번호는 2934예요"

1후루룩 완료!

DAY 6 "매일 아침 커피를 마셔"

1후루룩 완료!

DAY 7 "전철 타는 법을 모르겠어요"

1후루룩 완료!

DAY 8 "사진을 찍어서 SNS에 올렸어요"

1후루룩 완료!

DAY 9 "사진을 찍어도 될까요?"

1후루룩 완료!

DAY 10 "전철을 잘못 탔어"

1후루룩 완료!

DAY 11 "영화 보고 커피 한잔 어때요?"

1후루룩 완료!

DAY 12 "그녀에게 연락이 안 와"

1후루룩 완료!

DAY 13 "무리해서 마시지 않아도 돼요"

1후루룩 완료!

DAY 14 "내일부터 다이어트해야지"

특별부록

왕초보 문법 + 쓰기 연습

いいじゃないかおくれても、
最後までがんばれ！

ードラえもんよりー

조금 늦더라도 괜찮아,
끝까지 해 보는 거야!

-도라에몽 대사 중-

DAY 1

“저는 야행성이에요”

원어민 음성듣기

오늘의 후루룩 코스

애피타이저

메인요리1~3

디저트

Day 1 학습을 모두 마치면

말문을 여는 첫 열쇠 명사문을 마스터하여 자기소개는 물론, 사람이나 물건을 설명할 수 있어요.

후루룩 학습법

▸ 25분 학습 ◂

+

▸ 5분 휴식 ◂

=

"1일 1후루룩 했다!"

1분 워밍업

- **애피타이저** 학습 전 셀프 체크하기

24분 집중

- **메인 요리 ❶** 명사문의 긍정과 부정 표현
- **요리 즐기기** 써 보며 말문 열기
- **메인 요리 ❷** 명사문의 과거와 과거 부정 표현
- **요리 즐기기** 써 보며 말문 열기
- **메인 요리 ❸** 조사 の와 명사 나열 표현
- **요리 즐기기** 써 보며 말문 열기

5분 휴식

- **디저트** 학습 후 다시 한번 셀프 진단하기

애피타이저

1분

학습을 시작하기 전, 내가 얼마나 알고 있는지 셀프 체크를 해 봅시다.

	YES	NO
★ '나는 ~입니다'를 일본어로 말할 수 있다.	☐	☐
★ "학생이 아니에요"라고 일본어로 말할 수 있다.	☐	☐
★ '어제, 오늘, 내일' 표현을 알고 있다.	☐	☐
★ です의 과거 표현을 알고 있다.	☐	☐
★ です의 과거 부정 표현을 알고 있다.	☐	☐
★ 조사 の의 의미를 2개 이상 말할 수 있다.	☐	☐

셀프진단

» Yes가 4개 이상일 경우
'메인요리1~3'을 빠르게 확인 후 '메인요리 즐기기'에 도전해 보세요!

» Yes가 4개 이하일 경우
'메인요리1~3'을 집중해서 확인 후 '메인요리 즐기기'에 도전해 보세요!

메인요리 ❶

8분

わたし　よる がた
私は 夜型です。
와따시와 요루가타데스

저는 야행성이에요.

사람이나 사물의 정체나 성질을 설명할 때, '~은 ~예요'라고 말하죠? 이에 해당하는 일본어는 '~は~です'가 됩니다. 이 표현은 나를 소개할 때 꼭 필요한 기본 표현이에요.

후루룩 쌤의 꿀팁 ▶ 명사문의 긍정과 부정 표현

구분	보통형(반말)	정중형
현재 긍정	명사 + だ(다) 이다	명사 + です(데스) ~이에요
현재 부정	명사 + じゃない(쟈 나이) ~아니다	명사 + じゃないです(쟈 나 이 데 스) ~아니에요

후루룩 문장 만들기

명사문의 긍정 표현: 명사 + です

저는	야행성이에요.
私(わたし)は 와따시와	夜型(よるがた)です。 요루가타데스

Tips! 조사 は: ~은/는, 조사로 쓰일 때, [하]가 아니라 [와]로 발음

명사문의 부정 표현: 명사 + じゃないです

저는	B형이 아니에요.
私(わたし)は 와따시와	B型(びーがた)じゃないです。 비-가타쟈 나이데스

Tips! ❶ じゃないです: ~이 아니에요(= じゃありません)
❷ じゃ는 주로 회화체에서 사용하며, 문장이나 공식적인 자리에서는 では를 사용

메인요리 즐기기

SCAN ME!

예를 확인하고 빈칸에 알맞은 말을 넣어 보세요.

예
센 – 세 –
せんせい
선생님
▸ せんせいです。 선생님이에요.
▸ せんせいじゃないです。 선생님이 아니에요.
＝せんせいじゃありません。

1
캉 – 코 꾸 징 –
かんこくじん
한국인
▸ 한국인이에요.
▸ 한국인이 아니에요.
＝

2
니 혼 – 징 –
にほんじん
일본인
▸ 일본인이에요.
▸ 일본인이 아니에요.
＝

3
카 슈
かしゅ
가수
▸ 가수예요.
▸ 가수가 아니에요.
＝

4
카 이 샤 잉 –
かいしゃいん
회사원
▸ 회사원이에요.
▸ 회사원이 아니에요.
＝

5
다 이 각 – 세 –
だいがくせい
대학생
▸ 대학생이에요.
▸ 대학생이 아니에요.
＝

6
유 – 츄 – 바 –
ユーチューバー
유튜버
▸ 유튜버예요.
▸ 유튜버가 아니에요.
＝

7
엔 – 지 니 아
エンジニア
엔지니어
▸ 엔지니어예요.
▸ 엔지니어가 아니에요.
＝

정답은 요리즐기기 정답 162p에서 확인!

메인요리 ❷

8분

きのう あめ
昨日は雨でした。
키노-와 아메데시따

어제는 비였어요.

"저는 선생님이었어요"처럼 과거의 상태나 신분, 경험을 말할 때, 우리는 '~이었어요, ~가 아니었어요' 라고 말해요. 일본어로는 어떻게 표현할까요?

후루룩 쌤의 꿀팁 ▶ 명사문의 과거와 과거 부정 표현

선생님이에요.	센-세-데스 せんせいです
선생님이었어요.	센-세-데시따 せんせいでした
선생님이 아니에요.	센-세-쟈나이데스 센-세-쟈아리마셍- せんせいじゃないです＝せんせいじゃありません
선생님이 아니었어요.	센-세-쟈나캇-따데스 센-세-쟈아리마셍-데시따 せんせいじゃなかったです＝せんせいじゃありませんでした

후루룩 문장 만들기

명사문의 과거 긍정 표현: 명사 + でした

어제는	비였어요.
きのうは 키노-와	あめ 雨でした。 아메데시따

Tips! ❶ きのう(어제): 과거의 시간을 나타내는 명사 ❷ 명사 + でした: ~이었어요

명사문의 과거 부정 표현: 명사 + じゃなかったです

어제는	휴일이 아니었어요.
きのうは 키노-와	やす 休みじゃなかったです。 야스미쟈 나캇-따데스

Tips! ❶ 休み(やすみ): 휴일, 휴식 시간
❷ 명사 + じゃなかったです: ~이 아니었어요(= じゃありませんでした)

메인요리 즐기기

SCAN ME!

예를 확인하고 빈칸에 알맞은 말을 넣어 보세요.

예

아 메
あめ
비

▸ あめでした。 비였어요.
▸ あめじゃなかったです。 비가 아니었어요.
= あめじゃありませんでした。

1

야 스 미
やすみ
휴일

▸ 휴일이었어요.
▸ 휴일이 아니었어요.
=

2

뵤 - 잉 -
びょういん
병원

▸ 병원이었어요.
▸ 병원이 아니었어요.
=

3

니 찌 요 - 비
にちようび
일요일

▸ 일요일이었어요.
▸ 일요일이 아니었어요.
=

4

아 메 리 카 징 -
アメリカじん
미국인

▸ 미국인이었어요.
▸ 미국인이 아니었어요.
=

빈칸에 시간을 나타내는 명사를 쓰면서 익혀 보세요.

그저께	어제	오늘	내일	내일 모레
오 또 또 이 おととい	키 노 - きのう	쿄 - きょう	아 시 타 あした	아 삿 - 떼 あさって

정답은 요리즐기기 정답 162p에서 확인!

메인요리 ❸

8분

私の席です。(わたし / せき)

와따시노 세끼데스

제 자리예요.

일본 드라마 대사에서 자주 들리는 'の'는 두 명사를 잇거나 '~의'라는 뜻의 조사예요. 이번에는 の의 다양한 용법과 명사 나열 표현을 살펴볼게요.

후루룩 쌤의 꿀팁 ▶ 조사 の의 용법

용법	예문	해석
~의	私の本です。(わたし, ほん)	제(저의) 책이에요.
~의 것	私のです。(わたし)	제(저의) 것이에요.
~인	友だちのミカです。(とも)	친구인 미카예요.
해석 안 함	日本語の本です。(にほんご, ほん)	일본어 책이에요.

후루룩 문장 만들기

조사 の: 명사 + の + 명사

제	자리예요.
私の (わたし) 와따시노	席です。(せき) 세끼데스

Tips! 조사 の: ~의, ~의 것, ~인(여기에서는 '의')

명사 나열 표현: 명사 + で

고양이는	가족이자	친구예요.
ねこは 네코와	家族で (かぞく) 카조꾸데	友だちです。(とも) 토모다찌데스

Tips! 명사 + で: ~이고, ~이자, ~이며

메인요리 즐기기

SCAN ME!

다음 일본어 문장을 보고 우리말로 해석해 보세요.

1 わたしの ほんです。

▶ ....

2 わたしのです。

▶ ....

3 友(とも)だちの ミカです。

▶ ....

4 にほんごの ほんです。

▶ ....

우리말을 보고 빈칸을 채워 보세요.

5 かぞく (카 조 꾸) 가족
▶ .... 가족의
▶ .... 가족이고

6 デザイナー (데 자 이 나 -) 디자이너
▶ .... 디자이너인
▶ .... 디자이너이자

7 さっか (삭 까) 작가
▶ .... 작가인
▶ .... 작가이며

8 にほんご (니 홍 - 고) 일본어
▶ .... 일본어(의)
▶ .... 일본어이고

정답은 요리즐기기 정답 162p에서 확인!

5분 휴식

디저트

학습을 마친 후, 얼마나 이해했는지 다시 한번 체크해 보세요!

	그렇다	보통이다	모르겠다
★ "저는 한국 사람이에요"라고 소개할 수 있다.	☐	☐	☐
★ 나의 혈액형을 말할 수 있다.	☐	☐	☐
★ 어제 비가 왔었다고 말할 수 있다.	☐	☐	☐
★ 조사 の의 용법에 대해 설명할 수 있다.	☐	☐	☐
★ 두 개 이상의 명사를 연결할 수 있다.	☐	☐	☐
★ "어제는 휴일이 아니었어요"라고 전달할 수 있다.	☐	☐	☐

* 스코어 계산법 :
그렇다=3점, 보통이다=2점, 모르겠다=1점

나의 합계 스코어는 ______ 점

☑ 셀프진단

» **14점 이상 ★★★**
정말 훌륭합니다! '메인 요리1~3'을 입으로 뱉어 본 후 바로 학습을 종료해 주세요.

» **9~13점 ★★**
거의 다 왔습니다! 약한 부분만 시간에 맞춰 다시 학습한 후 학습을 종료해 주세요.

» **9점 미만 ★**
괜찮아요! 다시 한번 차근차근 '메인 요리1~3'을 학습해 봅시다!

DAY 2

"어느 것이 가장 인기예요?"

원어민 음성듣기

오늘의 후루룩 코스

애피타이저　메인요리1~3　디저트

Day 2 학습을 모두 마치면

지시대명사·존재·위치 표현을 익혀 눈앞의 풍경과 사람, 장소를 일본어로 표현할 수 있어요.

후루룩 학습법

+

=

▸ 25분 학습 ◂ ▸ 5분 휴식 ◂ "1일 1후루룩 했다!"

1분 워밍업

- **애피타이저** 학습 전 셀프 체크하기

24분 집중

- **메인 요리 ❶** 지시대명사
- **요리 즐기기** 써 보며 말문 열기
- **메인 요리 ❷** 존재 표현
- **요리 즐기기** 써 보며 말문 열기
- **메인 요리 ❸** 위치 표현
- **요리 즐기기** 써 보며 말문 열기

5분 휴식

- **디저트** 학습 후 다시 한번 셀프 진단하기

1분

애피타이저

학습을 시작하기 전, 내가 얼마나 알고 있는지 셀프 체크를 해 봅시다.

	YES	NO
★ 이것, 저것, 그것 등 지시대명사를 알고 있다.	☐	☐
★ '어디, 어느 쪽'을 일본어로 말할 수 있다.	☐	☐
★ 존재 표현을 알고 있다.	☐	☐
★ "저는 한국에 있어요"라고 말할 수 있다.	☐	☐
★ '앞, 뒤' 등 위치 표현을 4개 이상 알고 있다.	☐	☐
★ "아무도 없어요"를 말할 수 있다.	☐	☐

☑ 셀프진단

» Yes가 4개 이상일 경우

'메인요리1~3'을 빠르게 확인 후 '메인요리 즐기기'에 도전해 보세요!

» Yes가 4개 이하일 경우

'메인요리1~3'을 집중해서 확인 후 '메인요리 즐기기'에 도전해 보세요!

메인요리 ❶

8분

いち ばん にん き
どれが 一番 人気ですか。
도레가 이찌방 닝-키데스까

어느 것이 제일 인기예요?

일본 여행 중 쇼핑몰이나 식당에서 편리하게 쓰이는 말은 아마도 '이거, 저거, 그거' 같은 표현일 거예요. 오늘은 이런 표현들을 묶은 지시대명사에 대해 알아볼게요.

후루룩 쌤의 꿀팁 ▶ 지시대명사

	こ	そ	あ	ど
사물	これ(코레) 이것	それ(소레) 그것	あれ(아레) 저것	どれ(도레) 어느 것
위치	ここ(코코) 여기	そこ(소코) 거기	あそこ(아소코) 저기	どこ(도코) 어디
방향	こちら(코찌라) 이쪽	そちら(소찌라) 그쪽	あちら(아찌라) 저쪽	どちら(도찌라) 어느 쪽
명사 수식	この(코노) + 명사 이~	その(소노) + 명사 그~	あの(아노) + 명사 저~	どの(도노) + 명사 어느~

후루룩 문장 만들기

사물 지시대명사

어느 것이	가장	인기예요?
どれが 도레가	一番(いちばん) 이찌방-	人気(にんき)ですか。 닝-키데스까

Tips! ❶ 一番(いちばん): 가장, 제일, 최상급 표현
❷ どれが~ですか: 어느 것이 ~예요?, 여러 선택지 중 하나를 고를 때의 질문 표현

방향 지시대명사

화장실은	어느 쪽이에요?
トイレは 토이레와	どちらですか。 도찌라데스까

Tips! どちら: 어느 쪽, 방향 · 위치를 묻는 표현

메인요리 즐기기

SCAN ME!

빈칸에 지시대명사를 쓰면서 익혀 보세요.

구분	지시대명사	따라 써 보기	다시 써 보기
사물	これ(코레) 이것	これ	
	それ(소레) 그것	それ	
	あれ(아레) 저것	あれ	
	どれ(도레) 어느 것	どれ	
위치	ここ(코코) 여기	ここ	
	そこ(소코) 거기	そこ	
	あそこ(아소코) 저기	あそこ	
	どこ(도코) 어디	どこ	
방향	こちら(코찌라) 이쪽	こちら	
	そちら(소찌라) 그쪽	そちら	
	あちら(아찌라) 저쪽	あちら	
	どちら(도찌라) 어느 쪽	どちら	
명사 수식	この(코노) 이~	この	
	その(소노) 그~	その	
	あの(아노) 저~	あの	
	どの(도노) 어느~	どの	

메인요리 ❷

8분

コンビニにトイレが **あります。**

콤–비니니 토이레가 아리마스

편의점에 화장실이 있어요.

"화장실은 어디에 있어요?", "그는 여기에 없어요"처럼 일본어에서의 '있다, 없다' 즉, 존재 표현을 배워 보려고 해요. 간단한 표현 두 가지만 알면 사람이나 사물이 어디에 있는지 묻고 답할 수 있어요.

후루룩 쌤의 꿀팁 ▶ 존재 표현

	긍정(있습니다)	부정(없습니다)
사물 · 식물의 존재	ありますアリマス(아리마스)	ありません(아리마셍–)
사람 · 동물의 존재	います(이마스)	いません(이마셍–)

후루룩 문장 만들기

사물 · 식물의 존재: あります · ありません

편의점에	화장실이	있어요.
コンビニに 콤비니니	トイレが 토이레가	**ありま す。** 아리마스

Tips! ❶ あります/ありません: 있어요, 없어요(사물 · 식물 · 장소 · 시설의 존재)
❷ 장소 + に: ~에 ❸ 대상 + が: ~이/가

사람 · 동물의 존재: います · いません

BTS의 진은	한국에	없어요.
BTSのジンは 비–티에스노 진와	韓国(かんこく)に 캉–꼬쿠니	**いません。** 이마셍–

Tips! ❶ います/いません: 있어요, 없어요(사람 · 동물의 존재)
❷ 장소 + に: ~에

메인요리 즐기기

SCAN ME!

다음 뜻에 알맞은 동사를 연결해 보세요.

1 (사물이) 있습니다	❶ あります
2 (사람이) 있습니다	❷ いません
3 (사람이) 없습니다	❸ います
4 (사물이) 없습니다	❹ ありません

다음 우리말을 보고 알맞은 존재 표현을 넣어 보세요.

5 호텔은 어디에 있어요?

▸ ホテルは どこに ＿＿＿＿＿＿＿＿＿＿。

6 방에 고양이가 있어요.

▸ へやに ねこが ＿＿＿＿＿＿＿＿＿＿。

7 여권이 없습니다.

▸ パスポートが ＿＿＿＿＿＿＿＿＿＿。

8 여기에는 아무도 없어요.

▸ ここには だれも ＿＿＿＿＿＿＿＿＿＿。

정답은 요리즐기기 정답 163p에서 확인!

메인요리 ❸

8분

えき まえ
駅の前に ホテルが ありますか。
에끼노 마에니 호테루가 아리마스까

역 앞에 호텔이 있나요?

오늘은 일본어 속 작은 '길잡이 단어들' 즉, 위 · 아래 · 옆 · 앞 · 뒤와 같은 위치 표현을 배워볼 거예요. 이 단어들만 알아도 일본에서 길을 잃을 확률이 뚝! 줄어듭니다.

후루룩 쌤의 꿀팁 ▶ 위치 표현

- うえに(우에니) 위에
- したに(시타니) 아래에
- まえに(마에니) 앞에
- うしろに(우시로니) 뒤에
- ひだりに(히다리니) 왼쪽에
- みぎに(미기니) 오른쪽에
- むこうに(무코-니) 건너편에
- ちかくに(치까쿠니) 근처에
- そとに(소또니) 밖에
- なかに(나까니) 안에/속에
- となりに(토나리니) 옆에

후루룩 문장 만들기

위치 표현(1)

역 앞에	호텔이	있나요?
駅(えき)の前(まえ)に 에끼노 마에니	ホテルが 호테루가	ありますか。 아리마스까

Tips! ❶ 장소の + 前に(まえに): ~의 앞에
❷ ありますか: 있나요?, 사물이나 시설의 존재 여부를 물을 때 사용

위치 표현(2)

전철 안에	아무도	없어요.
電車(でんしゃ)の中(なか)に 덴-샤노 나까니	だれも 다레모	いません。 이마셍-

Tips! ❶ 장소の + 中に(なかに): ~의 안에
❷ だれも + 부정: 아무도 ~않다

메인요리 즐기기

SCAN ME!

다음 그림을 보고 읽고 써 보며, 위치 표현을 익혀 보세요.

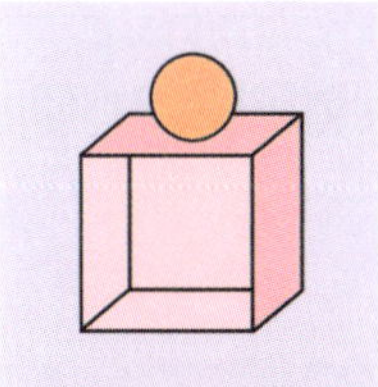

위 上 うえ (우에)

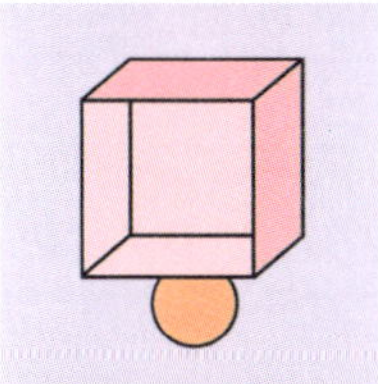

아래 下 した (시타)

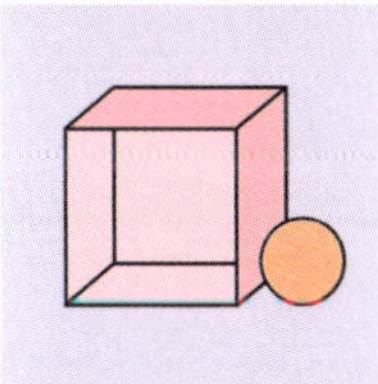

밖 外 そと (소또)

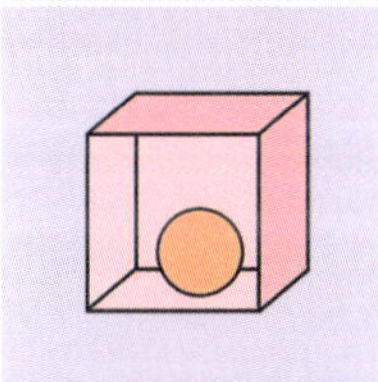

안/속 中 なか (나까)

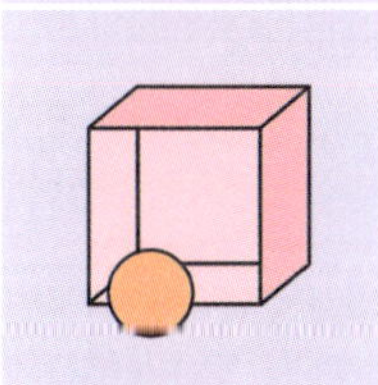

앞 前 まえ (마에)

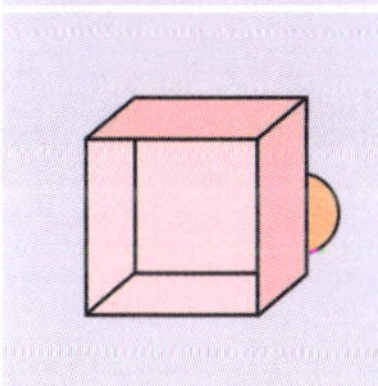

뒤 後ろ うしろ (우시로)

왼쪽 左 ひだり (히다리)

오른쪽 右 みぎ (미기)

사이 間 あいだ (아이다)

옆 隣 となり (토나리)

건너편 向こう むこう (무코－)

근처 近く ちかく (치까꾸)

5분 휴식

디저트

학습을 마친 후, 얼마나 이해했는지 다시 한번 체크해 보세요!

	그렇다	보통이다	모르겠다
★ "화장실은 어느 쪽이에요?"라고 물어볼 수 있다.	☐	☐	☐
★ '이것, 여기, 이쪽, 이~' 표현을 일본어로 알고 있다.	☐	☐	☐
★ "편의점에 화장실이 있어요"라고 전달할 수 있다.	☐	☐	☐
★ "저는 한국에 없어요"라고 말할 수 있다.	☐	☐	☐
★ "역 앞에 호텔이 있나요?"라고 질문할 수 있다.	☐	☐	☐
★ '왼쪽, 오른쪽' 표현을 알고 있다.	☐	☐	☐

* 스코어 계산법 :
그렇다=3점, 보통이다=2점, 모르겠다=1점

나의 합계 스코어는 ______ 점

☑ 셀프진단

» 14점 이상 ★★★
정말 훌륭합니다! '메인 요리1~3'을 입으로 뱉어 본 후 바로 학습을 종료해 주세요.

» 9~13점 ★★
거의 다 왔습니다! 약한 부분만 시간에 맞춰 다시 학습한 후 학습을 종료해 주세요.

» 9점 미만 ★
괜찮아요! 다시 한번 차근차근 '메인 요리1~3'을 학습해 봅시다!

DAY 3

"교토의 여름은 더워요"

원어민 음성듣기

오늘의 후루룩 코스

애피타이저 | 메인요리1~3 | 디저트

Day 3 학습을 모두 마치면

い형용사를 마스터하여 사람의 성격이나 사물의 성질을 디테일하게 말할 수 있어요.

후루룩 학습법

▸ 25분 학습 ◂ + ▸ 5분 휴식 ◂ = "1일 1후루룩 했다!"

1분 워밍업

- **애피타이저** 학습 전 셀프 체크하기

24분 집중

- **메인 요리 ❶** い형용사 정중형과 명사 수식 표현
- **요리 즐기기** 써 보며 말문 열기
- **메인 요리 ❷** い형용사 부정형과 연결형
- **요리 즐기기** 써 보며 말문 열기
- **메인 요리 ❸** い형용사의 과거형과 과거 부정형
- **요리 즐기기** 써 보며 말문 열기

5분 휴식

- **디저트** 학습 후 다시 한번 셀프 진단하기

애피타이저

1분

학습을 시작하기 전, 내가 얼마나 알고 있는지 셀프 체크를 해 봅시다.

	YES	NO
★ 일본어 형용사의 종류를 알고 있다.	☐	☐
★ い형용사를 다섯 개 이상 알고 있다.	☐	☐
★ い형용사가 명사를 수식할 때, 어떻게 바뀌는지 알고 있다.	☐	☐
★ い형용사의 부정형을 만들 수 있다.	☐	☐
★ い형용사의 과거형을 만들 수 있다.	☐	☐
★ い형용사 두 개를 연결할 수 있다.	☐	☐

☑ 셀프진단

» Yes가 4개 이상일 경우

'메인요리1~3'을 빠르게 확인 후 '메인요리 즐기기'에 도전해 보세요!

» Yes가 4개 이하일 경우

'메인요리1~3'을 집중해서 확인 후 '메인요리 즐기기'에 도전해 보세요!

메인요리 ❶

8분

きょうと　なつ
京都の 夏は あついです。

쿄–또노 나쯔와 아쯔이데스

교토의 여름은 더워요.

일본어의 형용사는 '예쁘다', '덥다'처럼 사람의 성질이나 상태를 나타내며, い형용사와 な형용사 두 가지로 나뉩니다. 이 중 끝이 'い'로 끝나는 형용사를 い형용사라고 해요.

후루룩 쌤의 꿀팁 ▶ い형용사의 사전형

- おもしろい(오모시로이) 재밌다
- すばらしい(스바라시-) 훌륭하다, 대단하다
- かわいい(카와이-) 귀엽다, 예쁘다
- おいしい(오이시-) 맛있다
- いい(이-)・よい(요이) 좋다
- あつい(아쯔이) 덥다

후루룩 문장 만들기

☝ い형용사의 정중형: い + です

교토의	여름은	더워요.
京都の(きょうと) 쿄–또노	夏は(なつ) 나쯔와	あついです。 아쯔이데스

Tips! ❶ 조사 の: 명사와 명사 사이에 위치, 여기에서는 '~의'에 해당
❷ い형용사い + です: ~예요

✌ い형용사의 명사 수식: い + 명사

재밌는	영화
おもしろい 오모시로이	映画(えいが) 에–가

Tips! ❶ おもしろい(재밌다) ↔ つまらない(재미없다, 지루하다)
❷ い형용사い + 명사: ~인, ~한(명사 앞에 붙어서 어떤 성질의 명사인지 설명)

메인요리 즐기기

SCAN ME!

우리말을 보고 빈칸에 알맞은 일본어를 넣어 보세요.

1 토 - 이
とおい
멀다 | 멀어요

2 오 모 이
おもい
무겁다 | 무거워요

3 카 나 시 -
かなしい
슬프다 | 슬퍼요

4 이 -
いい
좋다 | 좋아요

5 무 즈 까 시 -
むずかしい
어렵다 | 어려워요

6 오 모 시 로 이
おもしろい
재밌다 | 재밌어요

7 야 스 이
やすい
싸다, 저렴하다 | ユニクロ
저렴한 유니클로

8 치 카 이
ちかい
가깝다 | コンビニ
가까운 편의점

9 아 마 이
あまい
달다, 달콤하다 | ケーキ
달콤한 케이크

10 카 와 이 -
かわいい
귀엽다, 예쁘다 | アイドル
귀여운 아이돌

정답은 요리즐기기 정답 163p에서 확인!

메인요리 ❷

8분

この ケーキは 甘(あま)く ないです。

고노 케-키와 아마쿠 나이데스

이 케이크는 달지 않아요.

일본 문화에서는 '맛없어요'보다 '맛있지 않아요'처럼 부정형으로 완곡하게 말하는 것이 더 자연스러워요. い형용사의 부정형은 판단 · 의견을 부드럽게 말하기 위해 꼭 필요한 표현이랍니다.

후루룩 쌤의 꿀팁 ▶ い형용사의 부정형

달다	あまい (아 마 이)
달지 않다	あまくない (아 마 쿠 나 이)
달지 않아요	あまくないです (아 마 쿠 나 이 데 스) ／あまくありません (아 마 쿠 아 리 마 셍 -)

후루룩 문장 만들기

い형용사의 부정형: い → く + ない

이 케이크는	달지 않아요.
このケーキは 고노 케-키와	あまくないです。 아마쿠 나이데스

Tips!
❶ ～くない + です: ～하지 않아요(= ～くありません)
❷ 예외 いい(좋다) + ない: いくない(X) → よくない(좋지 않다)
❸ ～くないですか: ～하지 않나요?(확인과 공감의 질문 표현)

い형용사의 연결형: い → く + て

이 가방은	저렴하고/해서	좋아요.
このかばんは 고노 카방-와	やすくて 야스쿠떼	いいです。 이-데스

Tips!
❶ い형용사~~い~~ + くて: ～하고, ～해서(성질을 이어서 설명할 때 사용)
❷ 예외 いい(좋다) + て: いくて(X) → よくて(좋고, 좋아서)

메인요리 즐기기

SCAN ME!

예를 확인하고 빈칸에 알맞은 말을 넣어 보세요.

예
아 마 이
あまい
달다
▶ あまくない。 달지 않아.
▶ あまくないです。 달지 않아요.
= あまくありません。

1
카 라 이
からい
맵다
▶ 맵지 않아.
▶ 맵지 않아요.
=

2
이 –
いい
좋다
▶ 좋지 않아.
▶ 좋지 않아요.
=

3
타 까 이
たかい
비싸다, 높다
▶ 비싸지 않아.
▶ 비싸지 않아요.
=

4
토 – 이
とおい
멀다
▶ 멀지 않아.
▶ 멀지 않아요.
=

우리말을 보고 빈칸에 알맞은 일본어를 넣어 보세요.

5
치 까 이
ちかい
가깝다
/
가깝고, 가까운

6
히 로 이
ひろい
넓다
/
넓고, 넓은

7
사 무 이
さむい
춥다
/
춥고, 추운

정답은 요리즐기기 정답 163p에서 확인!

메인요리 ❸

8분

ホテルは 駅(えき)から 近(ちか)かったです。

호테루와 에끼까라 치카캇-따데스

호텔은 역에서 가까웠어요.

누군가와 대화하다보면 '맛있었어', '재밌었어'처럼 이미 지난 과거의 상황을 이야기할 기회가 많아요. 형용사 과거형 없이는 감상 · 후기 · 리뷰 등을 말할 수 없어요.

후루룩 쌤의 꿀팁 ▶ い형용사의 과거형

おいしい (오이시-) 맛있다	➔	おいしかった (오이시캇-따) 맛있었다	➔	おいしかったです (오이시캇-따데스) 맛있었어요
おいしくない (오이시쿠나이) 맛있지 않다	➔	おいしくなかった (오이시쿠나캇-따) 맛있지 않았다	➔	おいしくなかったです (오이시쿠나캇-따데스) 맛있지 않았어요

후루룩 문장 만들기

☝ い형용사의 과거형: い → かった

호텔은	역에서	가까웠어요.
ホテルは 호테루와	駅(えき)から 에끼까라	近(ちか)かったです。 치카캇-따데스

Tips! ❶ 조사 から: ~에서, ~부터 ❷ 近い(ちかい): 가깝다 ❸ かった+です : ~했어요
❹ 예외 いい(좋다) → いかった(X) → よかった(좋았다)

✌ い형용사의 과거 부정형: い → く+なかった

일본은	별로	춥지 않았어요.
日本(にほん)は 니홍-와	あまり 아마리	さむくなかったです。 사무꾸나캇-따데스

Tips! ❶ 부사 あまり: 별로 ❷ さむい(寒い): 춥다
❸ ~くなかった+です: ~하지 않았어요(= ~くありませんでした)

메인요리 즐기기

SCAN ME!

예를 확인하고 빈칸에 알맞은 말을 넣어 보세요.

예

아 마 이
あまい
달다

▶ あまかったです。 달았어요.
▶ あまくなかったです。 달지 않았어요.
= あまくありませんでした。

1

아 타 따 카 이
あたたかい
따뜻하다

▶ 따뜻했어요.
▶ 따뜻하지 않았어요.
=

2

아 쯔 이
あつい
덥다

▶ 더웠어요.
▶ 덥지 않았어요.
=

3

스 즈 시 -
すずしい
시원하다

▶ 시원했어요.
▶ 시원하지 않았어요.
=

4

사 무 이
さむい
춥다

▶ 추웠어요.
▶ 춥지 않았어요.
=

5

이 -
いい
좋다

▶ 좋았어요.
▶ 좋지 않았어요.
=

6

우 레 시 -
うれしい
기쁘다

▶ 기뻤어요.
▶ 기쁘지 않았어요.
=

7

카 나 시 -
かなしい
슬프다

▶ 슬펐어요.
▶ 슬프지 않았어요.
=

정답은 요리즐기기 정답 164p에서 확인!

디저트

5분 휴식

학습을 마친 후, 얼마나 이해했는지 다시 한번 체크해 보세요!

	그렇다	보통이다	모르겠다
★ い형용사를 다섯 가지 이상 쓰고, 말할 수 있다.	☐	☐	☐
★ “교토의 여름은 더워요”라고 전달할 수 있다.	☐	☐	☐
★ ‘달지 않아요’를 두 가지 형태로 말할 수 있다.	☐	☐	☐
★ い형용사 두 개를 연결할 수 있다.	☐	☐	☐
★ い형용사를 과거형으로 바꿀 수 있다.	☐	☐	☐
★ 과거 부정형 ‘맛있지 않았어요’ 표현을 알고 있다.	☐	☐	☐

* 스코어 계산법 :
그렇다=3점, 보통이다=2점, 모르겠다=1점

나의 합계 스코어는 ______ 점

☑ 셀프진단

» 14점 이상 ★★★
정말 훌륭합니다! ‘메인 요리1~3’을 입으로 뱉어 본 후 바로 학습을 종료해 주세요.

» 9~13점 ★★
거의 다 왔습니다! 약한 부분만 시간에 맞춰 다시 학습한 후 학습을 종료해 주세요.

» 9점 미만 ★
괜찮아요! 다시 한번 차근차근 ‘메인 요리1~3’을 학습해 봅시다!

DAY 4

“편리하고 간단한 앱이에요”

원어민 음성듣기

오늘의 후루룩 코스

애피타이저 | 메인요리1~3 | 디저트

Day 4 학습을 모두 마치면

な형용사를 마스터하여 여행지의 장소와 사람의 인상과 특징에 대해 말할 수 있어요.

후루룩 학습법

▸ 25분 학습 ◂ ▸ 5분 휴식 ◂ "1일 1후루룩 했다!"

1분 워밍업

- **애피타이저** 학습 전 셀프 체크하기

24분 집중

- **메인 요리 ❶** な형용사 정중형과 명사 수식 표현
- **요리 즐기기** 써 보며 말문 열기
- **메인 요리 ❷** な형용사 부정형과 연결형
- **요리 즐기기** 써 보며 말문 열기
- **메인 요리 ❸** な형용사의 과거형과 과거 부정형
- **요리 즐기기** 써 보며 말문 열기

5분 휴식

- **디저트** 학습 후 다시 한번 셀프 진단하기

애피타이저

1분

학습을 시작하기 전, 내가 얼마나 알고 있는지 셀프 체크를 해 봅시다.

	YES	NO
★ な형용사를 다섯 개 이상 알고 있다.	☐	☐
★ な형용사가 명사를 수식할 때, 어떻게 바뀌는지 알고 있다.	☐	☐
★ な형용사의 부정형을 만들 수 있다.	☐	☐
★ な형용사 두 개를 연결할 수 있다.	☐	☐
★ な형용사의 과거형을 만들 수 있다.	☐	☐
★ な형용사의 과거 부정형을 만들 수 있다.	☐	☐

☑ 셀프진단

» Yes가 4개 이상일 경우

'메인요리1~3'을 빠르게 확인 후 '메인요리 즐기기'에 도전해 보세요!

» Yes가 4개 이하일 경우

'메인요리1~3'을 집중해서 확인 후 '메인요리 즐기기'에 도전해 보세요!

메인요리 ❶

8분

このカフェは とても しずかです。

고노 카훼와 도떼모 시즈까데스

이 카페는 매우 조용해요.

일본어의 な형용사는 끝이 'だ'로 끝나며, 명사를 꾸며 줄 때, 'な'로 바뀌는 특징을 가지고 있어요. '깨끗하다, 조용하다, 편안하다, 유명하다'처럼 대부분 감정 · 상태 · 분위기 · 성격 등을 표현할 때 자주 쓰여요.

후루룩 쌤의 꿀팁 ▶ 대표적인 な형용사

- しずかだ(시즈까다) 조용하다
- きらいだ(키라이다) 싫어하다
- ゆうめいだ(유-메-다) 유명하다
- じょうずだ(죠-즈다) 능숙하다
- すきだ(스끼다) 좋아하다
- へただ(헤타다) 서툴다

※ '을/를'로 해석하지만, 조사 を가 아니라 が를 사용하는 な형용사
~が すきだ/きらいだ ~을 좋아하다/싫어하다
~が じょうずだ/へただ ~을 잘하다/못하다

후루룩 문장 만들기

☝ な형용사 정중형: だ → です

이 카페는	매우	조용해요.
このカフェは 고노 카훼와	とても 도떼모	しずかです。 시즈까데스

Tips! ❶ この + 명사: 이~ ❷ とても: 매우, 정도 부사

✌ な형용사의 명사 수식: だ → な

유명한	아이돌이에요.
有名な(ゆうめい) 유-메-나	アイドルです。 아이도루데스

Tips! ❶ な형용사 + 명사: すきな ほん 좋아하는 책
❷ 명사 + 명사: にほんごの ほん 일본어 책

메인요리 즐기기

SCAN ME!

우리말을 보고 빈칸에 알맞은 일본어를 넣어 보세요.

1 키 레 – 다
きれいだ
예쁘다, 깨끗하다
예뻐요, 깨끗해요

2 유 – 메 – 다
ゆうめいだ
유명하다
유명해요

3 스 끼 다
すきだ
좋아하다
좋아해요

4 기 라 이 다
きらいだ
싫어하다
싫어해요

5 죠 – 즈 다
じょうずだ
능숙하다
능숙해요

6 헤 타 다
へただ
서툴다
서툴러요

7 마 지 메 다
まじめだ
성실하다
각 – 세 –
がくせい
성실한 학생

8 벤 – 리 다
べんりだ
편리하다
쿠 루 마
くるま
편리한 자동차

9 신 – 센 – 다
しんせんだ
신선하다
사 카 나
さかな
신선한 생선

10 신 – 세 쯔 다
しんせつだ
친절하다
텡 – 잉 –
てんいん
친절한 점원

정답은 요리즐기기 정답 164p에서 확인!

메인요리 ❷

8분

べんり
便利で かんたんな アプリです。

벤-리데 칸-딴-나 아푸리데스

편리하고 간단한 앱이에요.

な형용사의 부정형 '~하지 않다'는 '좋다/싫다, 맞다/아니다'처럼 무언가 판단을 할 때 빠질 수가 없어요. 또한 부정의 뉘앙스를 완곡하게 전달할 수도 있어요.

후루룩 쌤의 꿀팁 ▶ 명사의 긍정과 부정 표현

구분	반말체	공손체
현재 긍정	すきだ(스끼다) 좋아하다	すきです(스끼데스) 좋아해요
현재 부정	すきじゃない(스끼자나이) 좋아하지 않아	すきじゃないです(스끼자나이데스) 좋아하지 않아요

※ な형용사의 활용은 명사를 수식해 줄 때 빼고는, 명사문과 대부분 비슷하게 바뀌어요.

후루룩 문장 만들기

な형용사 부정형: だ → じゃない

이 호텔은	교통이	편리하지 않아요.
このホテルは 고노 호테루와	こうつう 交通が 코-츠-가	べんり 便利じゃないです。 벤-리자 나이데스

Tips! ~じゃない + です: ~하지 않아요(= じゃありません)

な형용사 연결형: だ → で

편리하고	간단한	앱이에요.
べんり 便利で 벤-리데	かんたんな 칸-딴-나	アプリです。 아푸리데스

Tips! ❶ な형용사だ + で: ~하고, ~해서(연결) ❷ な형용사だ + な: ~한, ~인(명사를 수식)

메인요리 즐기기

SCAN ME!

예를 확인하고 빈칸에 알맞은 말을 넣어 보세요.

예
키 레 - 다
きれいだ
예쁘다, 깨끗하다

▶ きれいです。 예뻐요.
▶ きれいじゃないです。 예쁘지 않아요.
= きれいじゃありません。

1
유 - 메 - 다
ゆうめいだ
유명하다

▶ 유명해요.
▶ 유명하지 않아요.
=

2
스 끼 다
すきだ
좋아하다

▶ 좋아해요.
▶ 좋아하지 않아요.
=

3
마 지 메 다
まじめだ
성실하다

▶ 성실해요.
▶ 성실하지 않아요.
=

4
죠 - 즈 다
じょうずだ
능숙하다

▶ 능숙해요
▶ 능숙하지 않아요
=

우리말을 보고 빈칸에 알맞은 일본어를 넣어 보세요.

5
벤 - 리 다
べんりだ
편리하다

/
편리하고, 편리한

6
신 - 센 - 다
しんせんだ
신선하다

/
신선하고, 신선한

7
신 - 세 쯔 다
しんせつだ
친절하다

/
친절하고, 친절한

정답은 요리즐기기 정답 164p에서 확인!

메인요리 ❸

8분

ガイドさんは親切(しんせつ)でした。

가이도상-와 신-세쯔데시따

가이드분은 친절했어요.

な형용사의 과거형 '~했어요, ~하지 않았어요'는 과거의 상태나 인상 등 경험을 전달할 때 쓰는 표현이에요. 어렵지 않게 포인트만 딱 알려드릴게요.

후루룩 쌤의 꿀팁 ▶ な형용사의 긍정 과거와 부정 과거 표현

좋아해요.	すきです (스끼데스)
좋아했어요.	すきでした (스끼데시따)
좋아하지 않아요.	すきじゃないです (스끼쟈 나이데스) = すきじゃありません (스끼쟈 아리마셍-)
좋아하지 않았어요.	すきじゃなかったです (스끼쟈 나캇-따데스) = すきじゃありませんでした (스끼쟈 아리마셍-데시따)

후루룩 문장 만들기

☝ な형용사 과거형: だ → だった

가이드분은	친절했어요.
ガイドさんは 가이도상-와	親切(しんせつ)でした。 신세쯔데시따

Tips! ❶ な형용사 ~~です~~ → でした: ~했어요(정중형) ❷ な형용사 ~~だ~~ → だった: 했다(반말체)

✌ な형용사 과거 부정형: だ → じゃなかった

생선을	좋아하지 않았어요.
魚(さかな)が 사까나가	好(す)きじゃなかったです。 스끼쟈 나캇-따데스

Tips! ❶ ~じゃなかった + です: ~하지 않았어요(= ~じゃありませんでした)
❷ ~がすきだ: ~을 좋아하다('을/를'로 해석되지만 조사 を가 아니라 が를 사용)

메인요리 즐기기

SCAN ME!

예를 확인하고 빈칸에 알맞은 말을 넣어 보세요.

예

스 끼 다
すきだ
좋아하다

▶ すきでした。 좋아했어요.
▶ すきじゃなかったです。 좋아하지 않았어요.
= すきじゃありませんでした。

1

신 － 세 쯔 다
しんせつだ
친절하다

▶ 친절했어요.
▶ 친절하지 않았어요.
=

2

키 라 이 다
きらいだ
싫어하다

▶ 싫어했어요.
▶ 싫어하지 않았어요.
=

3

후 벤 다
ふべんだ
불편하다

▶ 불편했어요.
▶ 불편하지 않았어요.
=

4

유 － 메 － 다
ゆうめいだ
유명하다

▶ 유명했어요.
▶ 유명하지 않았어요.
=

5

시 즈 까 다
しずかだ
조용하다

▶ 조용했어요.
▶ 조용하지 않았어요.
=

6

후 쿠 자 쯔 다
ふくざつだ
복잡하다

▶ 복잡했어요.
▶ 복잡하지 않았어요.
=

7

타 이 헨 － 다
たいへんだ
힘들다

▶ 힘들었어요.
▶ 힘들지 않았어요.
=

정답은 요리즐기기 정답 165p에서 확인!

5분 휴식

디저트

학습을 마친 후, 얼마나 이해했는지 다시 한번 체크해 보세요!

	그렇다	보통이다	모르겠다
★ な형용사를 다섯 가지 이상 쓰고, 말할 수 있다.	☐	☐	☐
★ "유명한 아이돌이에요"라고 말할 수 있다.	☐	☐	☐
★ '편리하지 않아요'를 두 가지 형태로 말할 수 있다.	☐	☐	☐
★ な형용사 두 개를 연결할 수 있다.	☐	☐	☐
★ な형용사를 과거형으로 바꾸는 방법을 설명할 수 있다.	☐	☐	☐
★ な형용사를 과거 부정형으로 바꾸는 방법을 설명할 수 있다.	☐	☐	☐

* 스코어 계산법 :
그렇다=3점, 보통이다=2점, 모르겠다=1점

나의 합계 스코어는 ________ **점**

☑ 셀프진단

» **14점 이상 ★★★**
정말 훌륭합니다! '메인 요리1~3'을 입으로 뱉어 본 후 바로 학습을 종료해 주세요.

» **9~13점 ★★**
거의 다 왔습니다! 약한 부분만 시간에 맞춰 다시 학습한 후 학습을 종료해 주세요.

» **9점 미만 ★**
괜찮아요! 다시 한번 차근차근 '메인 요리1~3'을 학습해 봅시다!

DAY 5

"와이파이 비밀번호는 2934예요"

원어민 음성듣기

오늘의 후루룩 코스

애피타이저 메인요리1~3 디저트

Day 5 학습을 모두 마치면

숫자·시간·요일 표현을 마스터하여 여행 일정과 약속 시간을 일본어로 정확하게 말할 수 있어요.

후루룩 학습법

▸ 25분 학습 ◂ + ▸ 5분 휴식 ◂ = "1일 1후루룩 했다!"

1분 워밍업

- **애피타이저** 학습 전 셀프 체크하기

24분 집중

- **메인 요리 ❶** 숫자 표현
- **요리 즐기기** 써 보며 말문 열기
- **메인 요리 ❷** 시간 표현
- **요리 즐기기** 써 보며 말문 열기
- **메인 요리 ❸** 요일 표현과 범위 표현
- **요리 즐기기** 써 보며 말문 열기

5분 휴식

- **디저트** 학습 후 다시 한번 셀프 진단하기

애피타이저

1분

학습을 시작하기 전, 내가 얼마나 알고 있는지 셀프 체크를 해 봅시다.

	YES	NO
★ 1~10까지 일본어로 말할 수 있다.	☐	☐
★ 숫자 '0'을 일본어로 읽을 수 있다.	☐	☐
★ '1시~12시'를 일본어로 말할 수 있다.	☐	☐
★ 범위 표현 '~에서 ~까지'를 말할 수 있다.	☐	☐
★ '월요일~일요일'을 말할 수 있다.	☐	☐
★ 나열 표현 'A와 B'를 알고 있다.	☐	☐

☑ 셀프진단

» Yes가 4개 이상일 경우
'메인요리1~3'을 빠르게 확인 후 '메인요리 즐기기'에 도전해 보세요!

» Yes가 4개 이하일 경우
'메인요리1~3'을 집중해서 확인 후 '메인요리 즐기기'에 도전해 보세요!

메인요리 ❶

8분

ワイ　ーファイ　　　　　　　　に きゅうさんよん
Wi-Fiのパスワードは 2934です。
와이–화이노 파스와–도와 니큐–상–욘–데스

와이파이 비밀번호는 2934예요.

숫자 표현은 반드시 알아야 하는 표현이지만, 잘 외워지지 않아요. 빨리 외울 수 있는 노하우는 비밀번호나 전화번호 등 일상에서 쓰는 숫자부터 연습해 보면 금방 익힐 수 있어요.

후루룩 쌤의 꿀팁 ▶ 숫자 표현

0	1	2	3	4	5
제 로 ゼロ	이 찌 いち	니 に	상 – さん	용 – よん	고 ご
6	**7**	**8**	**9**	**10**	**11**
로 꾸 ろく	나 나 なな	하 찌 はち	큐 – きゅう	쥬 – じゅう	쥬 – 이 찌 じゅういち

※ 숫자 10부터는 11(じゅういち), 12(じゅうに)처럼 10(じゅう)과 일의 자리 숫자를 연결하면 돼요.

후루룩 문장 만들기

휴대폰 번호

휴대폰 번호는	010–1234–5678이에요.
けいたい　でんわばんごう 携帯の電話番号は 케–타이노 뎅–와방–고–와	ゼロいちゼロ　いちにさんよん　ごろくななはち 010の1234の5678です。 제로이찌제로노 이치니상–욘–노 고로꾸나나하찌데스

Tips! ❶ 전화번호의 '–': の ❷ 숫자 0: ゼロ 혹은 まる

일반 숫자

와이파이 비밀번호는	2934예요.
ワイ -ファイ Wi-Fiのパスワードは 와이–화이노 파스와–도와	にきゅうさんよん 2934です。 니큐–상–욘–데스

Tips! パスワード: 비밀번호

메인요리 즐기기

SCAN ME!

다음 숫자 표현을 써 보며 익혀 봅시다.

숫자	읽는 법	따라 써 보기	다시 써 보기
1	이 찌 いち	いち	
2	니 に	に	
3	상 - さん	さん	
4	용 - よん※	よん	
5	고 ご	ご	
6	로 꾸 ろく	ろく	
7	나 나 なな※	なな	
8	하 찌 はち	はち	
9	큐 - きゅう※	きゅう	
10	쥬 - じゅう	じゅう	
11	쥬 - 이 찌 じゅういち	じゅういち	
12	쥬 - 니 じゅうに	じゅうに	
20	니 쥬 - にじゅう	にじゅう	
100	햐 꾸 ひゃく	ひゃく	
1000	셍 せん	せん	
10000	이 찌 망 - いちまん	いちまん	

※ 숫자 4: よん (일반적), 4시나 4월처럼 정해진 관용 표현일 때 よ나 し로 읽힘

※ 숫자 7: なな(しち로 읽기도 함), しち(7시나 7월처럼 관용적으로 굳어진 경우)

※ 숫자 9: きゅう(일반적), く(9시, 9월처럼 관용적으로 굳어진 경우)

메인요리 ❷

8분

チェックインは 11時(じゅういちじ)です。

책–쿠잉–와 쥬–이찌지데스

체크인은 11시예요.

식당이나 카페에 가서 영업시간을 물어보거나 친구들과 약속을 정할 때, 시간 표현은 꼭 알고 있어야겠죠? 4시 · 7시 · 9시의 경우, 읽는 법이 관용적으로 굳어진 읽기라 그대로 외워 주세요.

후루룩 쌤의 꿀팁 ▶ 시간 표현

1時	2時	3時	4時	5時	6時
이 찌 지 いちじ	니 지 にじ	산 – 지 さんじ	요 지 よじ	고 지 ごじ	로 꾸 지 ろくじ
7時	**8時**	**9時**	**10時**	**11時**	**12時**
시 찌 지 しちじ	하 찌 지 はちじ	쿠 지 くじ	쥬 – 지 じゅうじ	쥬 – 이 찌 지 じゅういちじ	쥬 – 니 지 じゅうにじ

※ 몇 시: 何時(なんじ/난–지)

후루룩 문장 만들기

☝ 시간 표현

체크인은	11시예요.
チェックインは 첵–쿠잉–와	11時(じゅういちじ)です。 쥬–이찌지데스

Tips! 체크인은 몇 시예요?: チェックインは何時(なんじ)ですか。

✌ 범위 표현: ~から~まで

조식은	7시부터 9시까지입니다.
朝食(ちょうしょく)は 쵸–쇼쿠와	7時(しちじ)から9時(くじ)までです。 시찌지까라 쿠지마데데스

Tips! AからBまで: A부터 B까지(시간, 장소, 기간이나 범위에 모두 사용)

메인요리 즐기기

SCAN ME!

다음 분 표현을 써 보고 익혀 보세요.

1分	2分	3分	4分	5分
입 - 뿡 - いっぷん ▶	니 훙 - にふん ▶	삼 - 뿡 - さんぷん ▶	욤 - 뿡 - よんぷん ▶	고 훙 - ごふん ▶
6分	**7分**	**8分**	**9分**	**10分**
롭 - 뿡 - ろっぷん ▶	나 나 훙 - ななふん ▶	합 - 뿡 - はっぷん ▶	큐 - 훙 - きゅうふん ▶	쥽 - 뿡 - じゅっぷん ▶
20分	**30分・半**	**40分**	**50分**	**何分**
니 쥽 - 뿡 - にじゅっぷん ▶	산 - 쥽 - 뿡 - 항 - さんじゅっぷん·はん ▶	욘 - 쥽 - 뿡 - よんじゅっぷん ▶	고 쥽 - 뿡 - ごじゅっぷん ▶	남 - 뿡 - なんぷん ▶

다음 시간을 히라가나로 써 보세요.

※ AM: ごぜん, PM: ごご

1

▶

2

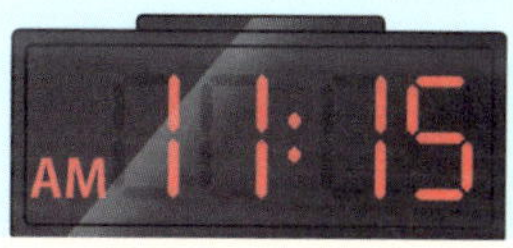

▶

3

▶

4

▶

정답은 요리즐기기 정답 165p에서 확인!

메인요리 ❸

8分

どようび　よやく
土曜日は 予約が いっぱいです。

도요-비와 요야쿠가 입-빠이데스

토요일은 예약이 꽉 차 있어요.

무언가 일정을 말할 때 요일 표현은 빠질 수 없잖아요. 특히 여행지에서 영업일이나 휴무일 확인은 요일을 모르면 대화를 할 수 없어요. '요일'은 한자로 '曜日'라고 표기하고, 'ようび'라고 읽어요.

후루룩 쌤의 꿀팁 ▶ 요일 표현

월요일	화요일	수요일	목요일	금요일	토요일	일요일
게 쯔 요 - 비 げつようび 月曜日	카 요 - 비 かようび 火曜日	스 이 요 - 비 すいようび 水曜日	모 꾸 요 - 비 もくようび 木曜日	킹 - 요 - 비 きんようび 金曜日	도 요 - 비 どようび 土曜日	니 찌 요 - 비 にちようび 日曜日

※ 무슨 요일: 何曜日(なんようび/낭-요-비)

후루룩 문장 만들기

요일 표현

토요일은	예약이	꽉 차 있어요.
どようび 土曜日は 도요-비와	よやく 予約が 요야쿠가	いっぱいです。 입-빠이데스

Tips! いっぱい: 예약 · 사람 · 자리 등이 가득 찬 상태를 말할 때 쓰는 표현

나열 표현: AとB

휴일은	수요일과	일요일이에요.
やす 休みは 야스미와	すいようび 水曜日と 스이요-비또	にちようび 日曜日です。 니찌요-비데스

Tips! AとB: A와 B(두 개 이상의 명사를 나란히 연결할 때 사용)

메인요리 즐기기

SCAN ME!

다음 요일 표현을 써 보며 익혀 보세요.

요일	읽는 법	따라 써 보기	다시 써 보기
월요일	게 쯔 요 - 비 げつようび	げつようび	
화요일	카 요 - 비 かようび	かようび	
수요일	스 이 요 - 비 すいようび	すいようび	
목요일	모 꾸 요 - 비 もくようび	もくようび	
금요일	킹 - 요 - 비 きんようび	きんようび	
토요일	도 요 - 비 どようび	どようび	
일요일	니 찌 요 - 비 にちようび	にちようび	

의문사 何(なん) 표현을 써 보며 익혀 보세요.

何～	일본어	따라 써 보기	다시 써 보기
몇 시	난 - 지 なんじ	なんじ	
몇 분	남 - 뿡 なんぷん	なんぷん	
무슨 요일	낭 - 요 - 비 なんようび	なんようび	
몇 월	낭 - 가 쯔 なんがつ	なんがつ	
며칠	난 - 니 찌 なんにち	なんにち	
몇 번	남 - 방 - なんばん	なんばん	

5분 휴식

디저트

학습을 마친 후, 얼마나 이해했는지 다시 한번 체크해 보세요!

	그렇다	보통이다	모르겠다
★ 0~11까지 숫자를 말할 수 있다.	☐	☐	☐
★ 나의 휴대폰 번호를 상대에게 전달할 수 있다.	☐	☐	☐
★ "체크인은 몇 시예요?"라고 물어볼 수 있다.	☐	☐	☐
★ '7시부터 9시까지' 범위 표현을 말할 수 있다.	☐	☐	☐
★ 월요일~일요일까지 요일을 쓰고 말할 수 있다.	☐	☐	☐
★ 쉬는 요일을 상대에게 전달할 수 있다.	☐	☐	☐

* 스코어 계산법 :
그렇다=3점, 보통이다=2점, 모르겠다=1점

나의 합계 스코어는 ____ 점

☑ 셀프진단

» **14점 이상 ★★★**
정말 훌륭합니다! '메인 요리1~3'을 입으로 뱉어 본 후 바로 학습을 종료해 주세요.

» **9~13점 ★★**
거의 다 왔습니다! 약한 부분만 시간에 맞춰 다시 학습한 후 학습을 종료해 주세요.

» **9점 미만 ★**
괜찮아요! 다시 한번 차근차근 '메인 요리1~3'을 학습해 봅시다!

DAY 6

“매일 아침 커피를 마셔”

원어민 음성듣기

오늘의 후루룩 코스

애피타이저 | 메인요리1~3 | 디저트

Day 6 학습을 모두 마치면

기본적인 동사를 익혀서 이동하고, 먹고, 보고, 경험하는 일을 일본어로 말할 수 있어요.

후루룩 학습법

▸ 25분 학습 ◂ ▸ 5분 휴식 ◂ "1일 1후루룩 했다!"

1분 워밍업

- **애피타이저** 학습 전 셀프 체크하기

24분 집중

- **메인 요리 ❶** 동사 분류
- **요리 즐기기** 써 보며 말문 열기
- **메인 요리 ❷** 동사의 ます형
- **요리 즐기기** 써 보며 말문 열기
- **메인 요리 ❸** ます형의 활용
- **요리 즐기기** 써 보며 말문 열기

5분 휴식

- **디저트** 학습 후 다시 한번 셀프 진단하기

애피타이저

1분

학습을 시작하기 전, 내가 얼마나 알고 있는지 셀프 체크를 해 봅시다.

	YES	NO
★ 일본어 동사가 몇 가지로 분류되는지 알고 있다.	☐	☐
★ 일본어 동사 다섯 가지를 말할 수 있다.	☐	☐
★ ます의 의미를 알고 있다.	☐	☐
★ ます형으로 바꾸는 방법을 알고 있다.	☐	☐
★ ません / ました / ませんでした의 의미를 알고 있다.	☐	☐
★ "어제 영화를 봤어요"라고 전달할 수 있다.	☐	☐

☑ 셀프진단

» Yes가 4개 이상일 경우
'메인요리1~3'을 빠르게 확인 후 '메인요리 즐기기'에 도전해 보세요!

» Yes가 4개 이하일 경우
'메인요리1~3'을 집중해서 확인 후 '메인요리 즐기기'에 도전해 보세요!

메인요리 ❶

8분

まい あさ
毎朝 コーヒーを のむ。
마이아사 코–히–오 노무

매일 아침 커피를 마셔.

여러분, 우리가 말할 때 동사가 없는 문장이 거의 없잖아요. '가다, 먹다, 보다'처럼 간단한 동사만 알고 있어도 실전에서 엄청 유용해요. 이런 일본어의 동사는 모두 う단으로 끝나는 특징을 가지고 있답니다.

후루룩 쌤의 꿀팁 ▶ 동사 분류

1그룹	う단으로 끝나고, 2그룹과 3그룹에 해당하지 않는 동사 (단, る로 끝나더라도, る 앞의 음이 あ · う · お단인 동사)
2그룹	る로 끝나고, る 앞의 음이 い · え단인 동사
3그룹	する(하다) ｜ くる(오다), 단 두 개뿐인 불규칙 동사

후루룩 문장 만들기

1그룹 동사

매일 아침	커피를	마셔.
まいあさ 毎朝 마이아사	コーヒーを 코–히–오	のむ。 노무

2그룹 동사

매일	6시에	일어나.
まいにち 毎日 마이니찌	ろくじ 6時に 로꾸지니	おきる。 오키루

3그룹 동사

매일 밤	조깅을	해.
まいばん 毎晩 마이방–	ジョギングを 죠깅–구오	する。 스루

메인요리 즐기기

SCAN ME!

동사가 몇 그룹에 속하는지 확인하면서 써 보세요.

동사 분류	う단	사전형	따라 써 보기	다시 써 보기
1그룹	う	買(か)う 사다	買う	
	く	歩(ある)く 걷다	歩く	
	ぐ	急(いそ)ぐ 서두르다	急ぐ	
	す	話(はな)す 이야기하다	話す	
	つ	待(ま)つ 기다리다	待つ	
	ぬ	死(し)ぬ 죽다	死ぬ	
	ぶ	遊(あそ)ぶ 놀다	遊ぶ	
	む	飲(の)む 마시다	飲む	
	る	乗(の)る 타다	乗る	
	예외 1그룹 ※	帰(かえ)る 돌아가다/오다	帰る	
		切(き)る 자르다	切る	
2그룹	い단 + る	見(み)る 보다	見る	
		起(お)きる 일어나다	起きる	
	え단 + る	食(た)べる 먹다	食べる	
		寝(ね)る 자다	寝る	
3그룹	불규칙 동사	する 하다	する	
		来(く)る 오다	来る	

※ 예외 1그룹 동사: 형태는 2그룹이지만 1그룹에 속하는 동사

메인요리 ❷

8분

まい にち
毎日 サラダを たべます。
마이니찌 사라다오 타베마스

매일 샐러드를 먹어요.

명사나 형용사의 정중형은 'です'를 붙이지만, 동사는 'ます'를 붙여 '습니다/합니다'를 표현합니다. 동사 종류에 따라 다르게 변화해요.

후루룩 쌤의 꿀팁 ▶ 동사의 정중형(ます형)

1그룹	う단 → い단 + ます
2그룹	る를 없애고 + ます
3그룹	する → します ｜ くる → きます 그냥 암기

후루룩 문장 만들기

1그룹 동사: う단 → い단 + ます

카리나는	매일	헬스장에	가요.
カリナは 카리나와	まいにち 毎日 마이니찌	ジムに 지무니	いきます。 いく 이끼마스

2그룹 동사: る + ます

매일	샐러드를	먹어요.
まいにち 毎日 마이니찌	サラダを 사라다오	たべます。 たべる 타베마스

3그룹 동사: する → します　くる → きます

내일	한국에	와요.
あした 明日 아시따	かんこく 韓国に 캉-코꾸니	きます。 くる 키마스

메인요리 즐기기

SCAN ME!

동사 1, 2, 3그룹의 ます형을 익히며 써 보세요.

동사분류	사전형	정중형(ます형)	따라 써 보기
1그룹	買(か)う 사다	買(か)い + ます 삽니다	買います
	行(い)く 가다	行(い)き + ます 갑니다	行きます
	急(いそ)ぐ 서두르다	急(いそ)ぎ + ます 서두릅니다	急ぎます
	話(はな)す 이야기하다	話(はな)し + ます 이야기합니다	話します
	待(ま)つ 기다리다	待(ま)ち + ます 기다립니다	待ちます
	死(し)ぬ 죽다	死(し)に + ます 죽습니다	死にます
	遊(あそ)ぶ 놀다	遊(あそ)び + ます 놉니다	遊びます
	飲(の)む 마시다	飲(の)み + ます 마십니다	飲みます
	乗(の)る 타다	乗(の)り + ます 탑니다	乗ります
	帰(かえ)る 돌아가다/오다	帰(かえ)り + ます 돌아갑니다/옵니다	帰ります
	切(き)る 자르다	切(き)り + ます 자릅니다	切ります
2그룹	見(み)る 보다	見(み) + ます 봅니다	見ます
	起(お)きる 일어나다	起(お)き + ます 일어납니다	起きます
	食(た)べる 먹다	食(た)べ + ます 먹습니다	食べます
	寝(ね)る 자다	寝(ね) + ます 잡니다	寝ます
3그룹	する 하다	します 합니다	します
	来(く)る 오다	来(き)ます 옵니다	来ます

메인요리 ❸

8분

さけ
お酒は のみません。
오사케와 오미마셍-

술은 마시지 않아요.

동사의 사전형을 정중형 'ます(합니다)'로 바꾸는 것은 이제 문제없겠죠? 이제는 ます의 형태를 바꿔 '~하지 않습니다', '~했습니다', '~하지 않았습니다' 등 다양한 시제를 알아볼게요.

후루룩 쌤의 꿀팁 ▶ ます의 활용

긍정형	ます	~해요
부정형	ません	~하지 않아요
과거형	ました	~했어요
과거 부정형	ませんでした	~하지 않았어요

후루룩 문장 만들기

ます의 부정형: ます → ません

술은	마시지 않아요.
お酒(さけ)は 오사케와	のみません。 のむ 노미마셍-

ます의 과거형: ます → ました

어제	영화를	봤어요.
昨日(きのう) 키노-	映画(えいが)を 에-가오	見(み)ました。 みる 미마시따

ます의 과거 부정형: ます → ませんでした

어제	조깅은	하지 않았어요.
昨日(きのう) 키노-	ジョギングは 죠깅-구와	しませんでした。 する 시마셍-데시따

메인요리 즐기기

SCAN ME!

예를 확인하고 빈칸에 알맞은 말을 넣어 보세요.

예

아 우
あう
만나다
1그룹

▶ あいます 만나요
▶ あいません 만나지 않아요
▶ あいました 만났어요
▶ あいませんでした 만나지 않았어요

1

요 무
よむ
읽다
1그룹

▶ 읽어요
▶ 읽지 않아요
▶ 읽었어요
▶ 읽지 않았어요

2

키 루
きる
자르다
예외 1그룹

▶ 잘라요
▶ 자르지 않아요
▶ 잘랐어요
▶ 자르지 않았어요

3

오 키 루
おきる
일어나다
2그룹

▶ 일어나요
▶ 일어나지 않아요
▶ 일어났어요
▶ 일어나지 않았어요

4

스 루
する
하다
3그룹

▶ 해요
▶ 하지 않아요
▶ 했어요
▶ 하지 않았어요

5

쿠 루
くる
오다
3그룹

▶ 와요
▶ 오지 않아요
▶ 왔어요
▶ 오지 않았어요

정답은 요리즐기기 정답 166p에서 확인!

5분 휴식

디저트

학습을 마친 후, 얼마나 이해했는지 다시 한번 체크해 보세요!

	그렇다	보통이다	모르겠다
★ 일본어 동사 10개를 쓰고 말할 수 있다.	☐	☐	☐
★ 동사 분류에 대해 상대방에게 설명할 수 있다.	☐	☐	☐
★ 1그룹 ~3그룹의 ます형 교체 방법을 알고 있다.	☐	☐	☐
★ '와요'와 '해요' 표현을 알고 있다.	☐	☐	☐
★ ます의 활용을 설명할 수 있다.	☐	☐	☐
★ "어제 조깅을 하지 않았어요"라고 말할 수 있다.	☐	☐	☐

* 스코어 계산법 :
그렇다=3점, 보통이다=2점, 모르겠다=1점

나의 합계 스코어는 ______ 점

☑ 셀프진단

» 14점 이상 ★★★
정말 훌륭합니다! '메인 요리1~3'을 입으로 뱉어 본 후 바로 학습을 종료해 주세요.

» 9~13점 ★★
거의 다 왔습니다! 약한 부분만 시간에 맞춰 다시 학습한 후 학습을 종료해 주세요.

» 9점 미만 ★
괜찮아요! 다시 한번 차근차근 '메인 요리1~3'을 학습해 봅시다!

DAY 7

"전철 타는 법을 모르겠어요"

오늘의 후루룩 코스

애피타이저

메인요리1~3

디저트

원어민 음성듣기

Day 7 학습을 모두 마치면

동사 ます형을 활용한 표현을 마스터하여 이제는 짧은 문장이 아니라 길게 확장하여 말할 수 있어요.

후루룩 학습법

▸ 25분 학습 ◂ + ▸ 5분 휴식 ◂ = "1일 1후루룩 했다!"

1분 워밍업

- **애피타이저** 학습 전 셀프 체크하기

24분 집중

- **메인 요리 ❶** 동사 ます형 + たい/かた
- **요리 즐기기** 써 보며 말문 열기
- **메인 요리 ❷** 동사 ます형 + ながら/に
- **요리 즐기기** 써 보며 말문 열기
- **메인 요리 ❸** 동사 ます형 + やすい/にくい
- **요리 즐기기** 써 보며 말문 열기

5분 휴식

- **디저트** 학습 후 다시 한번 셀프 진단하기

애피타이저

1분

학습을 시작하기 전, 내가 얼마나 알고 있는지 셀프 체크를 해 봅시다.

	YES	NO
★ たい 표현을 들어 본 적이 있다.	☐	☐
★ '~하는 법'을 일본어로 알고 있다.	☐	☐
★ ながら 표현을 알고 있다.	☐	☐
★ 동사 ます형 + に는 어떤 의미인지 설명할 수 있다.	☐	☐
★ '~하기 쉽다/편하다'를 일본어로 알고 있다.	☐	☐
★ '~하기 어렵다/불편하다'를 일본어로 말할 수 있다.	☐	☐

☑ 셀프진단

» Yes가 4개 이상일 경우
'메인요리1~3'을 빠르게 확인 후 '메인요리 즐기기'에 도전해 보세요!

» Yes가 4개 이하일 경우
'메인요리1~3'을 집중해서 확인 후 '메인요리 즐기기'에 도전해 보세요!

메인요리 ❶

8분

きれいな けしきが 見(み)たいです。

키레—나 케시끼가 미타이데스

예쁜 풍경을 보고 싶어요.

ます형만 알아도 '~하고 싶다'처럼 희망을 말하거나, '~하는 법'처럼 방법을 설명할 수 있어요. 여행이나 일상 어디서나 많이 쓰이는 ~たい와 ~かた 표현을 알아볼게요.

후루룩 쌤의 꿀팁 ▶ 희망과 방법 설명하는 표현

희망 표현	동사 ます형 + たい	~하고 싶다
방법 설명	동사 ます형 + かた	~하는 법

※동사 ます형은 ます를 지운 형태를 의미함

후루룩 문장 만들기

희망 표현: 동사 ます형 + たい

예쁜	풍경을	보고 싶어요.
きれいな 키레—나	けしきが 케시끼가	見(み)たいです。 미타이데스

Tips!
❶ ~が~たい: ~을(를) ~싶다(여기에서 '을/를'은 주로 조사 'が'를 사용)
❷ みる(보다) → み~~ます~~(봅니다) → み + たい(보고 싶다)
❸ たい는 い형용사처럼 활용: ~たくないです(~하고 싶지 않아요)

~하는 법: 동사 ます형 + かた

전철	타는 법을	모르겠어요.
電車(でんしゃ)の 덴—샤노	乗(の)り方(かた)が 노리카타가	わかりません。 와까리마셍—

Tips!
❶ のる(타다) → のり~~ます~~(탑니다) → のり + かた(타는 법)
❷ ~が わかりません: ~을 모르겠어요

메인요리 즐기기

SCAN ME!

예를 확인하고 빈칸에 알맞은 말을 넣어 보세요.

예 飲(の)む 마시다 1그룹
▶ のみたいです。 마시고 싶어요.
▶ のみたくないです。 마시고 싶지 않아요.
＝のみたくありません。

1 帰(かえ)る 돌아가다/오다 예외 1그룹
▶ 돌아가고 싶어요.
▶ 돌아가고 싶지 않아요.
＝

2 休(やす)む 쉬다 1그룹
▶ 쉬고 싶어요.
▶ 쉬고 싶지 않아요.
＝

3 合格(ごうかく)する 합격하다 3그룹
▶ 합격하고 싶어요.
▶ 합격하고 싶지 않아요.
＝

4 会(あ)う 만나다 1그룹
▶ 만나고 싶어요.
▶ 만나고 싶지 않아요.
＝

우리말을 보고 빈칸에 알맞은 일본어를 넣어 보세요.

5 使(つか)う 사용하다 1그룹 사용하는 법

6 作(つく)る 만들다 1그룹 만드는 법

7 覚(おぼ)える 기억하다, 외우다 2그룹 외우는 법

정답은 요리즐기기 정답 166p에서 확인!

메인요리 ❷

8분

プレゼントを 買(か)いに 来(き)ました。

푸레젠–또오 카이니 키마시따

선물을 사러 왔어요.

동사 ます형을 활용해 '동시에 하는 행동(~ながら)'과 '목적을 나타내는 표현(~に)'을 살펴볼게요. 이 두 가지 표현도 일상에서 바로 쓰기 좋은 표현이에요.

후루룩 쌤의 꿀팁 ▶ 동시 동작과 목적 표현

동시 동작	동사 ます형 + ながら	~하면서
목적 표현	동사 ます형 + に	~하러

후루룩 문장 만들기

동시 동작: 동사 ます형 + ながら

지도를	보면서	역에 가요
地図(ちず)を 치즈오	見(み)ながら 미나가라	駅(えき)に 行(い)きます。 에키니 이끼마스

Tips! ❶ みる(보다) → み~~ます~~(봅니다) → み + ながら(보면서)
❷ 목적지+に: ~에, ~로

목적 표현: 동사 ます형 + に

선물을	사러	왔어요.
プレゼントを 푸레젠–또오	買(か)いに 카이니	来(き)ました。 키마시따

Tips! かう(사다) → かい~~ます~~(삽니다) → かい + に(사러)

메인요리 즐기기

SCAN ME!

다음 그림을 보면서 우리말에 맞게 일본어를 넣어 주세요.

1

コーヒーを飲(の)む／仕事(しごと)をする 커피를 마시다/일을 하다

▶ ....

커피를 마시면서 일을 합니다.

2

音楽(おんがく)を聞(き)く／勉強(べんきょう)をする 음악을 듣다/공부를 하다

▶ ....

음악을 들으면서 공부를 해요.

3

ポップコンを食(た)べる／映画(えいが)を見(み)る 팝콘을 먹다/영화를 보다

▶ ....

팝콘을 먹으면서 영화를 봐요.

4

歌(うた)を歌(うた)う／おどる 노래를 부르다/춤을 춤추다

▶ ....

노래를 부르면서 춤을 춰요.

ます형을 확인해 보고 빈칸을 채워 보세요.

동사분류	사전형	정중형(ます형)	ます형 + に(~하러)
1그룹	買(か)う 사다	買(か)い + ます	사러
	遊(あそ)ぶ 놀다	遊(あそ)び + ます	놀러
	飲(の)む 마시다	飲(の)み + ます	마시러
	乗(の)る 타다	乗(の)り + ます	타러
2그룹	見(み)る 보다	見(み) + ます	보러
	食(た)べる 먹다	食(た)べ + ます	먹으러
3그룹	勉強(べんきょう)する 공부하다	勉強(べんきょう)します	공부하러

정답은 요리즐기기 정답 167p에서 확인!

메인요리 ❸

8분

このくつは 歩(ある)きやすいです。

고노 쿠쯔와 아루키야스이데스

이 구두는 걷기 편해요.

ます형에 접속하여 동작의 쉽고 어려움 혹은 편하고 불편함을 나타내는 '~やすい'와 '~にくい' 표현을 알아볼게요.

후루룩 쌤의 꿀팁 ▶ 동작의 쉬움과 어려움

동작의 쉬움	동사 ます형 + やすい	~하기 쉽다, ~하기 편하다
동작의 어려움	동사 ます형 + にくい	~하기 어렵다, ~하기 불편하다

후루룩 문장 만들기

동작의 쉬움: 동사 ます형 + やすい

이 구두	걷기 편해요.
このくつは 고노 쿠쯔와	歩(ある)きやすいです。 아루끼야스이데스

Tips! ❶ 歩く(あるく): 걷다, 1그룹 동사
❷ あるき~~ます~~(걸어요) → あるき + やすい(걷기 쉽다, 걷기 편하다)

동작의 어려움: 동사 ます형 + にくい

이 메뉴는	읽기 불편해요.
このメニューは 고노 메뉴-와	読(よ)みにくいです。 요미니꾸이데스

Tips! ❶ 読む(よむ): 읽다, 1그룹 동사
❷ よみ~~ます~~(읽어요) → よみ + にくい(읽기 어렵다, 읽기 불편하다)

메인요리 즐기기

SCAN ME!

예를 확인하고 빈칸에 알맞은 말을 넣어 보세요.

예	読む(よ) 읽다 1그룹	▶ よみます。	읽어요.
		▶ よみやすいです。	읽기 편해요.
		▶ よみにくいです。	읽기 불편해요.
1	使う(つか) 사용하다 1그룹	▶	사용해요.
		▶	사용하기 편해요.
		▶	사용하기 불편해요.
2	分かる(わ) 이해하다 1그룹	▶	알아요.
		▶	이해하기 쉬워요.
		▶	이해하기 힘들어요.
3	書く(か) 쓰다 1그룹	▶	써요.
		▶	쓰기 편해요.
		▶	쓰기 불편해요.
4	動く(うご) 움직이다 1그룹	▶	움직여요.
		▶	움직이기 편해요.
		▶	움직이기 불편해요.
5	覚える(おぼ) 기억하다, 외우다 2그룹	▶	외워요.
		▶	외우기 쉬워요.
		▶	외우기 어려워요.
6	見つける(み) 찾다, 발견하다 2그룹	▶	찾아요.
		▶	찾기 쉬워요.
		▶	찾기 어려워요.
7	理解する(りかい) 이해하다 3그룹	▶	이해해요.
		▶	이해하기 쉬워요.
		▶	이해하기 어려워요.

정답은 요리즐기기 정답 167p에서 확인!

5분 휴식

디저트

학습을 마친 후, 얼마나 이해했는지 다시 한번 체크해 보세요!

	그렇다	보통이다	모르겠다
★ たい 표현을 넣어서 나의 희망을 전달할 수 있다.	☐	☐	☐
★ "지하철 타는 법을 모르겠어요"라고 역무원에게 물어볼 수 있다.	☐	☐	☐
★ ながら를 넣어서 동시 동작 문장을 만들 수 있다.	☐	☐	☐
★ "선물을 사러 왔어요"라고 일본어로 전달할 수 있다.	☐	☐	☐
★ "이 구두는 걷기 편해요"라고 일본어로 전달할 수 있다.	☐	☐	☐
★ "이 메뉴는 읽기 불편해요"라고 일본어로 전달할 수 있다.	☐	☐	☐

* 스코어 계산법 :
그렇다=3점, 보통이다=2점, 모르겠다=1점

나의 합계 스코어는 ______ 점

☑ 셀프진단

» **14점 이상 ★★★**
정말 훌륭합니다! '메인 요리1~3'을 입으로 뱉어 본 후 바로 학습을 종료해 주세요.

» **9~13점 ★★**
거의 다 왔습니다! 약한 부분만 시간에 맞춰 다시 학습한 후 학습을 종료해 주세요.

» **9점 미만 ★**
괜찮아요! 다시 한번 차근차근 '메인 요리1~3'을 학습해 봅시다!

원어민 음성듣기

DAY 8

"사진을 찍어서 SNS에 올렸어요"

오늘의 후루룩 코스

애피타이저 · 메인요리1~3 · 디저트

Day 8 학습을 모두 마치면

동사 て형을 자유롭게 활용해 동작과 상황을 자연스럽게 이어 말할 수 있고, 이유나 상황을 덧붙여 표현할 수 있어요.

후루룩 학습법

▸ 25분 학습 ◂ + ▸ 5분 휴식 ◂ = "1일 1후루룩 했다!"

1분 워밍업

- **애피타이저** 학습 전 셀프 체크하기

24분 집중

- **메인 요리 ❶** 1그룹 동사의 て형
- **요리 즐기기** 써 보며 말문 열기
- **메인 요리 ❷** 2그룹 동사의 て형
- **요리 즐기기** 써 보며 말문 열기
- **메인 요리 ❸** 3그룹 동사의 て형
- **요리 즐기기** 써 보며 말문 열기

5분 휴식

- **디저트** 학습 후 다시 한번 셀프 진단하기

애피타이저

1분

학습을 시작하기 전, 내가 얼마나 알고 있는지 셀프 체크를 해 봅시다.

	YES	NO
★ 일본어 동사 분류에 대해 설명할 수 있다.	☐	☐
★ 동사 て형이 어떤 상황에서 쓰이는지 알고 있다.	☐	☐
★ 1그룹 동사를 て형으로 바꿀 수 있다.	☐	☐
★ 2그룹 동사를 て형으로 바꿀 수 있다.	☐	☐
★ 3그룹 동사를 て형으로 바꿀 수 있다.	☐	☐
★ '한자어 + する' 동사를 세 가지를 말할 수 있다.	☐	☐

☑ 셀프진단

» Yes가 4개 이상일 경우
'메인요리1~3'을 빠르게 확인 후 '메인요리 즐기기'에 도전해 보세요!

» Yes가 4개 이하일 경우
'메인요리1~3'을 집중해서 확인 후 '메인요리 즐기기'에 도전해 보세요!

메인요리 ❶

8分

しゃ しん　と
写真を撮って、SNSに のせました。

샤싱-오 톳-떼 에스에누에스니 노세마시따

사진을 찍어서 SNS에 올렸어요.

"밥 먹고 영화 봤어요."처럼 '~하고, ~해서'의 의미를 가진 '동사 て형'은 문장을 연결하거나, 이유 · 원인, 부탁, 진행 중인 동작 등 다양한 표현을 만들 수 있어요.

후루룩 쌤의 꿀팁 ▶ 1그룹 동사의 て형

1그룹	끝이 う · つ · る → って 끝이 む · ぶ · ぬ → んで 끝이 く · ぐ → いて · いで 끝이 す → して 예외 いく 가다 → いって

후루룩 문장 만들기

1그룹 동사 て형: 동작 연결

사진을	찍어서	SNS에	올렸어요.
しゃしん 写真を 샤싱-오	と 撮って、 톳-떼	SNSに 에스에누에스니	のせました。 노세마시따

Tips! ❶ 撮る(とる): (사진을) 찍다, 1그룹 동사 ❷ のせる: 올리다, 게재하다, 2그룹 동사

1그룹 동사 て형: 이유 · 원인

눈이	내려서	전철이	늦었어요.
ゆき 雪が 유키가	ふ 降って 훗-떼	でんしゃ 電車が 덴-샤가	おく 遅れました。 오쿠레마시따

Tips! ❶ 降る(ふる): (비, 눈 등이) 내리다, 1그룹 동사
❷ 遅れる(おくれる): 늦다, 정해진 시각을 지나다, 2그룹 동사

메인요리 즐기기

SCAN ME!

1그룹 동사 사전형을 보고, 빈칸에 て형을 적어 봅시다.

사전형	て형	의미
買(か)う 사다		사고, 사서
会(あ)う 만나다		만나고, 만나서
待(ま)つ 기다리다		기다리고, 기다려서
持(も)つ 들다, 가지다		들고, 들어서
乗(の)る 타다		타고, 타서
切(き)る 자르다		자르고, 잘라서
飲(の)む 마시다		마시고, 마셔서
読(よ)む 읽다		읽고, 읽어서
遊(あそ)ぶ 놀다		놀고, 놀아서
呼(よ)ぶ 부르다		부르고, 불러서
死(し)ぬ 죽다		죽고, 죽어서
歩(ある)く 걷다		걷고, 걸어서
書(か)く 쓰다		쓰고, 써서
急(いそ)ぐ 서두르다		서두르고, 서둘러서
泳(およ)ぐ 헤엄치다		헤엄치고, 헤엄쳐서
貸(か)す 빌려주다		빌려주고, 빌려줘서
話(はな)す 이야기하다		이야기하고, 이야기해서
行(い)く 가다 예외		가고, 가서

정답은 요리즐기기 정답 168p에서 확인!

메인요리 ❷

8분

疲(つか)れて、今日(きょう)は 休(やす)みます。

츠까레떼 쿄–와 야스미마스

피곤해서 오늘은 쉬겠습니다.

1그룹 동사는 끝이 다양한 형태로 끝나서, て형으로 바꾸는 것이 좀 복잡했죠? 2그룹 동사는 전부 る로 끝나기 때문에, る만 떼고 て를 붙이면 돼요. 이제 2그룹 동사를 て형으로 바꿔 '~하고, ~해서' 문장을 만들어 봅시다.

후루룩 쌤의 꿀팁 ▶ 2그룹 동사의 て형

2그룹	る → て

후루룩 문장 만들기

2그룹 동사 て형: 동작 연결

옷을	입고	호텔을 나섰어요.
服(ふく)を 후꾸오	着(き)て 키떼	ホテルを 出(で)ました。 호테루오 데마시따

Tips! ❶ 着る(きる): (옷 등을) 입다, 2그룹 동사
❷ 出る(でる): 나오다, 나서다 2그룹 동사

2그룹 동사 て형: 이유・원인

피곤해서	오늘은	쉬겠습니다.
疲(つか)れて、 츠까레떼	今日(きょう)は 쿄–와	休(やす)みます。 야스미마스

Tips! ❶ 疲れる(つかれる): 지치다, 피곤하다, 2그룹 동사
❷ 休む(やすむ): 쉬다, 1그룹 동사

메인요리 즐기기

SCAN ME!

2그룹 동사 사전형을 보고, 빈칸에 て형을 적어 봅시다.

사전형	て형	의미
見(み)る 보다		보고, 봐서
いる 있다		있고, 있어서
起(お)きる 일어나다		일어나고, 일어나서
着(き)る 입다		입고, 입어서
借(か)りる 빌리다		빌리고, 빌려서
降(お)りる (탈 것에서) 내리다		내리고, 내려서
覚(おぼ)える 기억하다		기억하고, 기억해서
教(おし)える 가르치다		가르치고, 가르쳐서
閉(し)める 닫다		닫고, 닫아서
食(た)べる 먹다		먹고, 먹어서
出(で)る 나오다		나오고, 나와서
寝(ね)る 자다		자고, 자서
疲(つか)れる 지치다		지치고, 지쳐서
見(み)せる 보여주다		보여주고, 보여줘서
忘(わす)れる 잊다		잊고, 잊어서
決(き)める 정하다		정하고, 정해서

정답은 요리즐기기 정답 168p에서 확인!

메인요리 ❸

8분

かんこく　き　まいにち　たの
韓国に 来て、毎日が 楽しいです。

캉-코꾸니 키떼, 마이니찌가 타노시-데스

한국에 와서 매일이 즐거워요.

불규칙한 3그룹 동사의 て형도 형태가 정해져 있어요. する → して(하고/해서), くる → きて(하고/해서) 표현을 익혀, 실제 회화에서 자주 쓰는 문장을 만들어 봅시다.

후루룩 쌤의 꿀팁 ▶ 3그룹 동사의 て형

3그룹	する → して ｜ くる → きて

후루룩 문장 만들기

3그룹 동사 て형: する → して

체크아웃을	하고	공항으로 갔어요.
チェックアウトを 첵-꾸아우또오	して、 시떼	くうこう　む 空港に 向かいました。 쿠-코-니 무카이마시따

Tips! ❶ 空港(くうこう): 공항 ❷ ~に向かう(むかう): ~로 향하다, ~로 가다, 1그룹 동사

3그룹 동사 て형: くる → きて

한국에	와서	매일이 즐거워요.
かんこく 韓国に 캉-코꾸니	き 来て 키떼	まいにち　たの 毎日が 楽しいです。 마이니찌가 타노시-데스

Tips! ❶ 韓国(かんこく): 한국 ❷ 장소 + に: ~에, ~으로, 장소 · 도착점 조사
❸ 毎日(まいにち): 매일 ❹ 楽しい(たのしい): 즐겁다

메인요리 즐기기

SCAN ME!

3그룹 동사와 '한자어 + する' 동사의 て형을 적어 봅시다.

사전형	て형	의미
する 하다		하고, 해서
来る(く) 오다		오고, 와서
勉強する(べんきょう) 공부하다		공부하고, 공부해서
料理する(りょうり) 요리하다		요리하고, 요리해서
運動する(うんどう) 운동하다		운동하고, 운동해서
旅行する(りょこう) 여행하다		여행하고, 여행해서

동사 て형 활용 방법을 암기 후 다시 한번 적어 보세요.

그룹	て형 활용 방법	다시 적어 보기
1그룹	끝이 う・つ・る ➡ って	
	끝이 む・ぶ・ぬ ➡ んで	
	끝이 く・ぐ ➡ いて・いで	
	끝이 す ➡ して	
2그룹	る ➡ て	
3그룹	する ➡ して	
	来る(く) ➡ 来て(き)	

정답은 요리즐기기 정답 169p에서 확인!

디저트

5분 휴식

학습을 마친 후, 얼마나 이해했는지 다시 한번 체크해 보세요!

	그렇다	보통이다	모르겠다
★ "사진을 찍어서 SNS에 올렸어요"라고 말할 수 있다.	☐	☐	☐
★ "눈이 내려서 전철이 늦게 왔어요"라고 상황을 설명할 수 있다.	☐	☐	☐
★ "피곤해서 오늘은 쉴게요"라고 나의 상황을 전달할 수 있다.	☐	☐	☐
★ "체크아웃하고 공항으로 갔어요"라고 정보를 공유할 수 있다.	☐	☐	☐
★ て형의 의미를 설명할 수 있다.	☐	☐	☐
★ 동사 1, 2, 3그룹의 て형 공식을 바로 말할 수 있다.	☐	☐	☐

* 스코어 계산법 :
그렇다=3점, 보통이다=2점, 모르겠다=1점

나의 합계 스코어는 ______ 점

☑ 셀프진단

» **14점 이상 ★★★**
정말 훌륭합니다! '메인 요리1~3'을 입으로 뱉어 본 후 바로 학습을 종료해 주세요.

» **9~13점 ★★**
거의 다 왔습니다! 약한 부분만 시간에 맞춰 다시 학습한 후 학습을 종료해 주세요.

» **9점 미만 ★**
괜찮아요! 다시 한번 차근차근 '메인 요리1~3'을 학습해 봅시다!

원어민 음성듣기

DAY 9

"사진을 찍어도 될까요?"

오늘의 후루룩 코스

애피타이저 　 메인요리1~3 　 디저트

Day 9 학습을 모두 마치면

순서 · 부탁 · 시도 · 진행 · 허락 · 금지 표현을 마스터하여, 일상과 여행에서 필요한 상황에 적절하게 활용할 수 있어요.

후루룩 학습법

▸ 25분 학습 ◂ + ▸ 5분 휴식 ◂ = "1일 1후루룩 했다!"

1분 워밍업

- **애피타이저** 학습 전 셀프 체크하기

24분 집중

- **메인 요리 ❶** 행동의 순서와 부탁 · 의뢰 표현
- **요리 즐기기** 써 보며 말문 열기
- **메인 요리 ❷** 시도와 진행 표현
- **요리 즐기기** 써 보며 말문 열기
- **메인 요리 ❸** 허가와 금지 표현
- **요리 즐기기** 써 보며 말문 열기

5분 휴식

- **디저트** 학습 후 다시 한번 셀프 진단하기

애피타이저

1분

학습을 시작하기 전, 내가 얼마나 알고 있는지 셀프 체크를 해 봅시다.

	YES	NO
★ '~하고 나서' 표현을 알고 있다.	☐	☐
★ '~해 주세요'라고 부탁이나 의뢰할 수 있다.	☐	☐
★ '~해 보다' 표현을 알고 있다.	☐	☐
★ '~하고 있다' 진행형을 알고 있다.	☐	☐
★ '~해도 되다' 허가 표현을 일본어로 알고 있다.	☐	☐
★ '~해서는 안 되다' 표현을 일본어로 말할 수 있다.	☐	☐

☑ 셀프진단

» Yes가 4개 이상일 경우
'메인요리1~3'을 빠르게 확인 후 '메인요리 즐기기'에 도전해 보세요!

» Yes가 4개 이하일 경우
'메인요리1~3'을 집중해서 확인 후 '메인요리 즐기기'에 도전해 보세요!

메인요리 ❶

8분

説明(せつめい)を 聞(き)いてから 書(か)いて ください。
세쯔메–오 키이떼까라 카이떼 쿠다사이

설명을 듣고 나서 써 주세요.

동사 て형을 알고 있으면 다양한 표현을 응용해서 말할 수 있어요. '~てから(~하고 나서)'나 '~てください(~해 주세요)' 등 일상 생활에서 빼놓을 수 없는 유용한 표현을 배워 봅시다.

후루룩 쌤의 꿀팁 ▶ 행동의 순서와 부탁 · 의뢰 표현

행동의 순서	~てから	~하고 나서
부탁 · 의뢰	~てください	~해 주세요

후루룩 문장 만들기

행동의 순서: ~て + から

호텔에	도착하고 나서	체크인해요.
ホテルに 호테루니	ついてから 쯔이떼까라	チェックインします。 첵–쿠인–시마스

Tips! ❶ ~につく: ~에 도착하다, 1그룹 동사
❷ ~てから: ~하고 나서, 앞 행동이 끝난 뒤에 다음 행동이 일어남을 나타냄

부탁 · 의뢰 표현: ~て + ください

설명을	듣고 나서	써 주세요.
説明(せつめい)を 세쯔메–오	聞(き)いてから 키이떼까라	書(か)いてください。 카이떼 쿠다사이

Tips! ❶ 説明(せつめい): 설명
❷ 聞く(きく): 듣다, 묻다, 1그룹 동사
❸ ~てください: ~해 주세요, 지시나 요청, 안내문, 매뉴얼에 자주 사용
❹ ~てくださいませんか: ~해 주시겠습니까?, 공손한 요청

메인요리 즐기기

SCAN ME!

예를 확인하고 빈칸에 알맞은 말을 넣어 보세요.

예 飲む(の) 마시다 1그룹
▶ のんでください。 드세요.
▶ のんでくださいませんか。 드시지 않을래요?

1 待つ(ま) 기다리다 1그룹
▶ 기다려 주세요.
▶ 기다려 주시지 않을래요?

2 言う(い) 말하다 1그룹
▶ 말해 주세요.
▶ 말해 주시지 않을래요?

3 撮る(と) (사진을) 찍다 1그룹
▶ (사진) 찍어 주세요.
▶ (사진) 찍어 주시지 않을래요?

4 教える(おし) 가르치다 2그룹
▶ 가르쳐 주세요.
▶ 가르쳐 주시지 않을래요?

5 確認する(かくにん) 확인하다 3그룹
▶ 확인해 주세요.
▶ 확인해 주시지 않을래요?

우리말을 보고 빈칸에 알맞은 일본어를 넣어 보세요.

6 着く(つ) 도착하다 1그룹
도착하고 나서

7 聞く(き) 듣다, 묻다 1그룹
듣고 나서

8 洗う(あら) 씻다 1그룹
씻고 나서

9 考える(かんが) 생각하다 2그룹
생각하고 나서

정답은 요리즐기기 정답 169p에서 확인!

메인요리 ❷

8분

いちど き
もう一度 聞いて みます。

모-이찌도 키이떼 미마스

한 번 더 물어 볼게요.

'한번 해 보다', '지금 하고 있다'처럼 일상과 여행에서 바로 활용할 수 있는 표현인 ~てみる와 ~ている를 함께 배워 볼게요.

후루룩 쌤의 꿀팁 ▶ 시도와 진행 표현

시도 표현	~てみる	~해 보다
진행 표현	~ている	~하고 있다

후루룩 문장 만들기

시도 표현: ~て + みる

한 번 더	물어 볼게요.
いちど もう一度 모-이찌도	き 聞いてみます。 키이떼 미마스

Tips! ❶ もう一度(もういちど): 다시 한번, 한 번 더
❷ 聞く(きく): 듣다, 묻다, 1그룹 동사
❸ ~てみる: ~해 보다, 어떤 행동을 시험 삼아 해 보는 의미

진행 표현: ~て + いる

지금	로비에서	친구들을	기다리고 있어요.
いま 今 이마	ロビーで 로비-데	とも 友たちを 토모다찌오	ま 待っています。 맛-떼 이마스

Tips! ❶ 장소 + で: ~에서 ❷ 조사 を: ~을, ~를
❸ 待つ(まつ): 기다리다, 1그룹 동사
❹ ~ている: ~하고 있다(진행), ~해 있다(상태)

메인요리 즐기기

SCAN ME!

예를 확인하고 빈칸에 알맞은 말을 넣어 보세요.

예	会う(あ) 만나다	1그룹	▸ あってみます。 ▸ あっています。	만나 볼게요. 만나고 있어요.
1	聞く(き) 듣다, 묻다	1그룹	▸ ▸	물어 볼게요. 묻고 있어요.
2	待つ(ま) 기다리다	1그룹	▸ ▸	기다려 볼게요. 기다리고 있어요.
3	飲む(の) 마시다	1그룹	▸ ▸	마셔 볼게요. 마시고 있어요.
4	遊ぶ(あそ) 놀다	1그룹	▸ ▸	놀아 볼게요. 놀고 있어요.
5	歩く(ある) 걷다	1그룹	▸ ▸	걸어 볼게요. 걷고 있어요.
6	呼ぶ(よ) 부르다	1그룹	▸ ▸	불러 볼게요. 부르고 있어요.
7	乗る(の) 타다	1그룹	▸ ▸	타 볼게요. 타고 있어요.
8	読む(よ) 읽다	1그룹	▸ ▸	읽어 볼게요. 읽고 있어요.
9	食べる(た) 먹다	2그룹	▸ ▸	먹어 볼게요. 먹고 있어요.
10	する 하다	3그룹	▸ ▸	해 볼게요. 하고 있어요.

정답은 요리즐기기 정답 169p에서 확인!

메인요리 ❸

8분

しゃ しん　と
写真を 撮ってもいいですか。

샤싱–오 톳–떼모 이–데스까

사진을 찍어도 될까요?

이번에는 て형을 활용해 '~해도 되다', '~해서는 안 되다'와 같은 허가 · 금지 표현을 배워볼 거예요. 여행이나 공공장소에서 특히 많이 쓰이는 표현입니다.

후루룩 쌤의 꿀팁 ▶ 시도와 진행 표현

허가 표현	~てもいい	~해도 되다
금지 표현	~てはいけない	~해서는 안 되다

후루룩 문장 만들기

허가 표현: ~て + も いい

사진을	찍어도 될까요?
写真(しゃしん)を 샤싱–오	撮(と)ってもいいですか。 톳–떼모 이–데스까

Tips! ❶ 撮る(とる): (사진 등을) 찍다, 1그룹 동사
❷ ~てもいいですか: ~해도 될까요?, 허락을 공손하게 묻는 표현

금지 표현 : ~て + は いけない

여기서	담배를	피워서는 안 됩니다.
ここで 고꼬데	タバコを 타바코오	吸(す)ってはいけません。 슷–떼와 이케마셍–

Tips! ❶ 조사 で: ~에서, 행동이 일어나는 장소
❷ ~てはいけません: ~해서는 안 됩니다(= ~てはいけないです)

메인요리 즐기기

SCAN ME!

예를 확인하고 빈칸에 알맞은 말을 넣어 보세요.

예

吸う(す)
(담배 등을) 피우다
1그룹

- ▸ すってもいい。 피워도 돼.
- ▸ すってもいいです。 피워도 돼요.
- ▸ すってはいけない。 피워서는 안 돼.
- ▸ すってはいけないです。 피워서는 안 돼요.
- = すってはいけません。

1

飲む(の)
마시다
1그룹

- ▸ ________ 마셔도 돼.
- ▸ ________ 마셔도 돼요.
- ▸ ________ 마셔서는 안 돼.
- ▸ ________ 마셔서는 안 돼요.
- = ________

2

遊ぶ(あそ)
놀다
1그룹

- ▸ ________ 놀아도 돼.
- ▸ ________ 놀아도 돼요.
- ▸ ________ 놀아서는 안 돼.
- ▸ ________ 놀아서는 안 돼요.
- = ________

3

急ぐ(いそ)
서두르다
1그룹

- ▸ ________ 서둘러도 돼.
- ▸ ________ 서둘러도 돼요.
- ▸ ________ 서둘러서는 안 돼.
- ▸ ________ 서둘러서는 안 돼요.
- = ________

4

泳ぐ(およ)
헤엄치다
1그룹

- ▸ ________ 수영해도 돼.
- ▸ ________ 수영해도 돼요.
- ▸ ________ 수영해서는 안 돼.
- ▸ ________ 서둘러서는 안 돼요.
- = ________

정답은 요리즐기기 정답 170p에서 확인!

디저트

5분 휴식

학습을 마친 후, 얼마나 이해했는지 다시 한번 체크해 보세요!

	그렇다	보통이다	모르겠다
★ "호텔에 도착하고 나서 체크인합니다"를 전달할 수 있다.	☐	☐	☐
★ "설명을 듣고 나서 써 주세요"를 바로 말할 수 있다.	☐	☐	☐
★ "한 번 더 물어 볼게요"라고 일본어로 말할 수 있다.	☐	☐	☐
★ "친구를 기다리고 있어요"라고 일본어로 전달할 수 있다.	☐	☐	☐
★ "사진을 찍어도 되나요?"라고 물어볼 수 있다.	☐	☐	☐
★ 담배를 피워서는 안 된다고 상대에게 전달할 수 있다.	☐	☐	☐

* 스코어 계산법 :
그렇다=3점, 보통이다=2점, 모르겠다=1점

나의 합계 스코어는 ______ 점

☑ 셀프진단

» 14점 이상 ★★★
정말 훌륭합니다! '메인 요리1~3'을 입으로 뱉어 본 후 바로 학습을 종료해 주세요.

» 9~13점 ★★
거의 다 왔습니다! 약한 부분만 시간에 맞춰 다시 학습한 후 학습을 종료해 주세요.

» 9점 미만 ★
괜찮아요! 다시 한번 차근차근 '메인 요리1~3'을 학습해 봅시다!

DAY 10

"전철을 잘못 탔어"

원어민 음성듣기

오늘의 후루룩 코스

애피타이저 메인요리1~3 디저트

Day 10 학습을 모두 마치면

과거 표현 た형을 마스터하여 이미 끝난 일이나 경험을 자유롭게 말할 수 있어요.

후루룩 학습법

▸ 25분 학습 ◂ ▸ 5분 휴식 ◂ "1일 1후루룩 했다!"

1분 워밍업

- **애피타이저** 학습 전 셀프 체크하기

24분 집중

- **메인 요리 ❶** 1그룹 동사의 た형
- **요리 즐기기** 써 보며 말문 열기
- **메인 요리 ❷** 2그룹 동사의 た형
- **요리 즐기기** 써 보며 말문 열기
- **메인 요리 ❸** 3그룹 동사의 た형
- **요리 즐기기** 써 보며 말문 열기

5분 휴식

- **디저트** 학습 후 다시 한번 셀프 진단하기

애피타이저

1분

학습을 시작하기 전, 내가 얼마나 알고 있는지 셀프 체크를 해 봅시다.

	YES	NO
★ 앞에서 배운 'て형'의 의미를 알고 있다.	☐	☐
★ 'た형'의 의미를 알고 있다.	☐	☐
★ 1그룹 동사의 'た형' 공식을 설명할 수 있다.	☐	☐
★ 2그룹 동사의 'た형' 공식을 설명할 수 있다.	☐	☐
★ 3그룹 동사의 'た형' 공식을 설명할 수 있다.	☐	☐
★ 'いく(가다)' 동사를 た형으로 바꿀 수 있다.	☐	☐

☑ 셀프진단

» Yes가 4개 이상일 경우
'메인요리1~3'을 빠르게 확인 후 '메인요리 즐기기'에 도전해 보세요!

» Yes가 4개 이하일 경우
'메인요리1~3'을 집중해서 확인 후 '메인요리 즐기기'에 도전해 보세요!

메인요리 ❶

8분

今日(きょう)は ゆっくり 休(やす)んだ。
쿄–와 육–꾸리 야슨–다

오늘은 푹 쉬었어.

오늘은 '~ました(~했습니다)'의 반말체 'た형(~했다)'을 배워 볼 거예요. て형의 て를 た로 바꿔 만들 수 있어요.

후루룩 쌤의 꿀팁 ▶ 1그룹 동사의 た형

동사 구분	て형	た형
1그룹	う・つ・る → って む・ぶ・ぬ → んで く・ぐ → いて・いで す → して いく 가다 → いって 예외	う・つ・る → った む・ぶ・ぬ → んだ く・ぐ → いた・いだ す → した いく 가다 → いった 예외

후루룩 문장 만들기

1그룹 동사 た형(1)

오늘은	푹	쉬었어.
今日(きょう)は 쿄–와	ゆっくり 육–꾸리	休(やす)んだ。 야슨–다

Tips! ❶ 부사 ゆっくり: 천천히, 푹 ❷ 休む(やすむ): 쉬다, 1그룹 동사

1그룹 동사 た형(2)

처음으로	교토에	갔어.
初(はじ)めて 하지메떼	京都(きょうと)に 쿄–또니	行(い)った。 잇–따

Tips! ❶ 부사 初めて(はじめて): 처음으로 ❷ 장소 + に: ~에(이동 목적지 조사)
❸ 行く(가다)의 て형: 'いいて'가 아니라 'いって'

메인요리 즐기기

SCAN ME!

1그룹 동사 사전형을 보고, 빈칸에 た형을 적어 봅시다.

사전형	て형(~하고, 해서)	た형(~했다)	
買(か)う 사다	買(か)って		샀다
会(あ)う 만나다	会(あ)って		만났다
待(ま)つ 기다리다	待(ま)って		기다렸다
持(も)つ 들다, 가지다	持(も)って		들었다
乗(の)る 타다	乗(の)って		탔다
切(き)る 자르다	切(き)って		잘랐다
飲(の)む 마시다	飲(の)んで		마셨다
読(よ)む 읽다	読(よ)んで		읽었다
遊(あそ)ぶ 놀다	遊(あそ)んで		놀았다
呼(よ)ぶ 부르다	呼(よ)んで		불렀다
死(し)ぬ 죽다	死(し)んで		죽었다
歩(ある)く 걷다	歩(ある)いて		걸었다
書(か)く 쓰다	書(か)いて		썼다
急(いそ)ぐ 서두르다	急(いそ)いで		서둘렀다
泳(およ)ぐ 헤엄치다	泳(およ)いで		헤엄쳤다
貸(か)す 빌려주다	貸(か)して		빌려줬다
話(はな)す 이야기하다	話(はな)して		이야기했다
行(い)く 가다 예외	行(い)って		갔다

정답은 요리즐기기 정답 170p에서 확인!

메인요리 ❷

8분

電車(でんしゃ)を 間違(まちが)えた。
덴-샤오 마치가에따

전철을 잘못 탔어.

ます형이 지금 하고 있는 말, 앞으로의 이야기, 정중한 말에 사용한다고 하면, た형은 이미 끝난 일이나 경험을 공유하고 싶을 때 사용해요. 2그룹 동사도 て형과 마찬가지로 る만 떼고 た를 붙이면 돼요.

후루룩 쌤의 꿀팁 ▶ 2그룹 동사의 た형

동사 구분	て형	た형
2그룹	る → て	る → た

후루룩 문장 만들기

2그룹 동사 た형(1)

대여용 자전거를	빌렸어.
レンタル自転車(じてんしゃ)を 렌-타루 지텐-샤오	借(か)りた。 카리따

Tips! 借りる(かりる): 빌리다, 2그룹 ↔ 貸す(かす): 빌려 주다, 1그룹 동사

2그룹 동사 た형(2)

전철을	잘못 탔어.
電車(でんしゃ)を 덴-샤오	間違(まちが)えた。 마치가에따

Tips! 間違える(まちがえる): 틀리다, 잘못하다, 2그룹 동사

메인요리 즐기기

SCAN ME!

2그룹 동사 사전형을 보고, 빈칸에 た형을 적어 봅시다.

사전형	て형(~하고, 해서)	た형(~했다)	
見(み)る 보다	見(み)て		봤다
いる 있다	いて		있었다
起(お)きる 일어나다	起(お)きて		일어났다
着(き)る 입다	着(き)て		입었다
借(か)りる 빌리다	借(か)りて		빌렸다
降(お)りる (탈 것에서) 내리다	降(お)りて		내렸다
覚(おぼ)える 기억하다	覚(おぼ)えて		기억했다
教(おし)える 가르치다	教(おし)えて		가르쳤다
閉(し)める 닫다	閉(し)めて		닫았다
食(た)べる 먹다	食(た)べて		먹었다
出(で)る 나오다	出(で)て		나왔다
寝(ね)る 자다	寝(ね)て		잤다
疲(つか)れる 지치다	疲(つか)れて		지쳤다
見(み)せる 보여주다	見(み)せて		보여줬다
忘(わす)れる 잊다	忘(わす)れて		잊었다
決(き)める 정하다	決(き)めて		정했다

정답은 요리즐기기 정답 171p에서 확인!

메인요리 ❸

8분

よ やく　　へん こう
予約の 変更を した。
요야쿠노 헹-코-오 시따

예약 변경을 했다.

불규칙하게 바뀌는 3그룹 동사도 간단해요. '예약을 했다(した)', '택시가 왔다(きた)'처럼 する는 した, くる는 きた, 이렇게 통째로 기억하면 됩니다.

후루룩 쌤의 꿀팁 ▶ 3그룹 동사의 た형

동사 구분	て형	た형
3그룹	する → して くる → きて	する → した くる → きた

※ '한자어 + する'의 경우에도 3그룹 동사 활용을 해요.

후루룩 문장 만들기

3그룹 동사 た형: する → した

예약	변경을	했다.
よやく 予約の 요야쿠노	へんこう 変更を 헹-코-오	した。 시따

Tips! 명사 + の + 명사: 여기에서 の는 해석하지 않음.

3그룹 동사 た형: くる → きた

택시가	드디어	왔다.
タクシーが 타쿠시-가	やっと 얏-또	き 来た。 키따

Tips! 부사 やっと: 겨우, 드디어

메인요리 즐기기

SCAN ME!

3그룹 동사와 '한자어 + する' 동사의 た형을 적어 봅시다.

사전형	て형(~하고, 해서)	た형(~했다)	
する 하다	して 하다		했다
来(く)る 오다	きて 오다		왔다
勉強(べんきょう)する 공부하다	勉強(べんきょう)して		공부했다
料理(りょうり)する 요리하다	料理(りょうり)して		요리했다
運動(うんどう)する 운동하다	運動(うんどう)して		운동했다
旅行(りょこう)する 여행하다	旅行(りょこう)して		여행했다
質問(しつもん)する 질문하다	質問(しつもん)して		질문했다

동사 た형 만드는 공식을 적어 보며, 총정리해 보세요.

그룹	て형	た형
1그룹	끝이 う・つ・る ➡ って	
	끝이 む・ぶ・ぬ ➡ んで	
	끝이 く・ぐ ➡ いて・いで	
	끝이 す ➡ して	
2그룹	る ➡ て	
3그룹	する ➡ して	
	来(く)る ➡ 来(き)て	

정답은 요리즐기기 정답 171p에서 확인!

디저트

5분 휴식

학습을 마친 후, 얼마나 이해했는지 다시 한번 체크해 보세요!

	그렇다	보통이다	모르겠다
★ "오늘은 푹 쉬었어"라고 상대에게 전달할 수 있다.	☐	☐	☐
★ "전철을 잘못 탔어"라고 경험을 공유할 수 있다.	☐	☐	☐
★ "예약 변경을 했어"라고 상대에게 전달할 수 있다.	☐	☐	☐
★ 동사 て형과 た형의 차이를 설명할 수 있다.	☐	☐	☐
★ 동사 た형 만드는 법을 설명할 수 있다.	☐	☐	☐
★ 부사 ゆっくり・初めて(はじ)・やっと의 의미를 알고 있다.	☐	☐	☐

* 스코어 계산법 :
그렇다=3점, 보통이다=2점, 모르겠다=1점

나의 합계 스코어는 ______ 점

☑ 셀프진단

» **14점 이상 ★★★**
정말 훌륭합니다! '메인 요리1~3'을 입으로 뱉어 본 후 바로 학습을 종료해 주세요.

» **9~13점 ★★**
거의 다 왔습니다! 약한 부분만 시간에 맞춰 다시 학습한 후 학습을 종료해 주세요.

» **9점 미만 ★**
괜찮아요! 다시 한번 차근차근 '메인 요리1~3'을 학습해 봅시다!

원어민 음성듣기

DAY 11

"영화 보고 커피 한잔 어때요?"

오늘의 후루룩 코스

애피타이저 메인요리1~3 디저트

Day 11 학습을 모두 마치면

경험 · 일정 · 조언 · 제안을 일본어로 자연스럽게 말할 수 있으며, 일본어로 대화하는 데 자신감이 생깁니다.

후루룩 학습법

▸ 25분 학습 ◂ + ▸ 5분 휴식 ◂ = "1일 1후루룩 했다!"

1분 워밍업

- **애피타이저** 학습 전 셀프 체크하기

24분 집중

- **메인 요리 ❶** 경험 유무 표현
- **요리 즐기기** 써 보며 말문 열기
- **메인 요리 ❷** 시간 전후 표현과 조언 표현
- **요리 즐기기** 써 보며 말문 열기
- **메인 요리 ❸** 열거와 가정 표현
- **요리 즐기기** 써 보며 말문 열기

5분 휴식

- **디저트** 학습 후 다시 한번 셀프 진단하기

애피타이저

1분

학습을 시작하기 전, 내가 얼마나 알고 있는지 셀프 체크를 해 봅시다.

	YES	NO
★ 일본어 동사 'た형' 만드는 법을 설명할 수 있다.	☐	☐
★ 일본에 간 적이 있다고 말할 수 있다.	☐	☐
★ '~たあとで' 표현의 의미를 알고 있다.	☐	☐
★ '~たほうがいい' 표현의 의미를 알고 있다.	☐	☐
★ '~たり~たりする' 표현의 의미를 알고 있다.	☐	☐
★ '~たら'표현의 의미를 알고 있다.	☐	☐

☑ 셀프진단

» Yes가 4개 이상일 경우
'메인요리1~3'을 빠르게 확인 후 '메인요리 즐기기'에 도전해 보세요!

» Yes가 4개 이하일 경우
'메인요리1~3'을 집중해서 확인 후 '메인요리 즐기기'에 도전해 보세요!

메인요리 ❶

8분

ふじさん　のぼ
富士山に 登ったことがありますか。
후지산-니 노봇-따 코또가 아리마스까

후지산에 오른 적이 있나요?

동사 た형을 활용해, 과거에 어떤 일을 해 본 경험이 있는지 없는지에 대해 말하는 문형을 배워 볼 거예요.

후루룩 쌤의 꿀팁 ▶ 경험의 유무 표현

경험의 '있음'	~たことがある	~한 적이 있다
경험의 '없음'	~たことがない	~한 적이 없다

후루룩 문장 만들기

경험의 '있음': ~た + ことがある

후지산에	오른 적이 있나요?
富士山に(ふじさん) 후지산-니	登(のぼ)ったことがありますか。 노봇-따 코또가 아리마스까

Tips! ❶ 조사 に: ~에, 登る(のぼる, 오르다)와 함께 쓰여 도착 지점 · 목적지를 나타냄
❷ ~たことがありますか: ~한 적이 있나요?, 경험을 묻는 대표 질문형

경험의 '없음': ~た + ことがない

한 번도	후지산에	오른 적이 없어요.
一度も(いちど) 이찌도모	富士山に(ふじさん) 후지산-니	登(のぼ)ったことがないです。 노봇-따 코또가 나이데스

Tips! ❶ 一度も(いちども)~ない: 한 번도 ~없다, 경험의 완전한 부정을 나타냄
❷ ~たことがないです: ~한 적이 없어요(= ~たことがありません)

메인요리 즐기기

SCAN ME!

예를 확인하고 빈칸에 알맞은 말을 넣어 보세요.

예

食(た)べる
먹다
2그룹

▸ たべた。 먹었다.
▸ たべたことがあります。 먹은 적이 있어요.
▸ たべたことがないです。 먹은 적이 없어요.
= たべたことがありません。

1

飲(の)む
마시다
1그룹

▸ 마셨다.
▸ 마신 적이 있어요.
▸ 마신 적이 없어요.
=

2

行(い)く
가다
1그룹

▸ 갔다.
▸ 간 적이 있어요.
▸ 간 적이 없어요.
=

3

聞(き)く
듣다, 묻다
1그룹

▸ 들었다.
▸ 들어 본 적이 있어요.
▸ 들어 본 적이 없어요.
=

4

乗(の)る
타다
1그룹

▸ 탔어요.
▸ 탄 적이 있어요.
▸ 탄 적이 없어요.
=

5

遅(おく)れる
늦다
2그룹

▸ 늦었다.
▸ 늦은 적이 있어요.
▸ 늦은 적이 없어요.
=

정답은 요리즐기기 정답 172p에서 확인!

메인요리 ❷

8분

たばこは やめたほうがいいです。

타바꼬와 야메따 호-가 이-데스

담배는 끊는 편이 좋아요.

이번에는 동사의 た형을 바탕으로, '~한 후에'처럼 끝난 뒤의 행동을 말하는 표현과 '~하는 게 좋아요'와 같이 권유나 조언을 전하는 표현을 살펴볼게요.

후루룩 쌤의 꿀팁 ▶ 시간의 전후 표현 · 권유나 조언 표현

시간의 전후	~たあとで	~한 후에
권유나 조언	~たほうがいい	~하는 편이 좋다, ~하는 게 좋아

후루룩 문장 만들기

시간의 전후: ~た + あとで

영화를	본 후에	커피 (한잔) 어때요?
映画(えいが)を 에-가오	見(み)たあとで 미따아데	コーヒーでもどうですか。 코-히-데모 도-데스까

Tips! ❶ ~たあとで: ~한 후에, 앞의 행동이 끝난 뒤, 다음 행동을 말할 때 사용
❷ ~でもどうですか: ~라도 어때요?, 강요 없는 부드러운 제안 · 권유 표현

권유나 조언: ~た + ほうがいい

담배는	끊는 편이 좋아요.
たばこは 타바꼬와	やめたほうがいいです。 야메따 호-가 이-데스

Tips! ~たほうがいいです: ~하는 편이 좋아요. 상대를 배려하면서 조언이나 충고를 전할 때 쓰는 표현

메인요리 즐기기

SCAN ME!

예를 확인하고 빈칸에 알맞은 말을 넣어 보세요.

예

寝る(ね) 2그룹
자다

▸ ねた。 잤다.
▸ ねたほうがいい。 자는 게 좋아.
▸ ねたほうがいいです。 자는 게 좋아요.

1

やめる 2그룹
끊다, 그만두다

▸ 끊었다.
▸ 끊는 게 좋아.
▸ 끊는 게 좋아요.

2

休む(やす) 1그룹
쉬다

▸ 쉬었다.
▸ 쉬는 게 좋아.
▸ 쉬는 게 좋아요.

3

確認する(かくにん) 3그룹
확인하다

▸ 확인했다.
▸ 확인하는 게 좋아.
▸ 확인하는 게 좋아요.

4

予約する(よやく) 3그룹
예약하다

▸ 예약했다.
▸ 예약하는 게 좋아.
▸ 예약하는 게 좋아요.

우리말을 보고 빈칸에 알맞은 일본어를 넣어 보세요.

5

朝ごはんを食べる(あさ, た) 2그룹
아침을 먹다

아침을 먹은 후에

6

仕事が終わる(しごと, お) 1그룹
일이 끝나다

일이 끝난 후에

7

シャワーを浴びる(あ) 2그룹
샤워를 하다

샤워를 한 후에

정답은 요리즐기기 정답 172p에서 확인!

메인요리 ❸

8분

あめ　ふ　い
雨が降ったら タクシーで 行きましょう。
아메가 훗―따라 타쿠시―데 이끼마쇼―

비가 내리면 택시로 갑시다.

마지막으로 '~하기도 하고 ~하기도 하다'처럼 여러 행동 중에서 몇 가지를 예로 들어 열거하는 たり표현과, '~하면 (~합시다)'처럼 상황을 가정하여 제안하는 たら표현을 살펴보려고 해요.

후루룩 쌤의 꿀팁 ▶ 열거와 가정

동작의 열거	~たり~たりする	~하기도 하고 ~하기도 하다
조건과 제안	~たら~	~하면, ~했을 때

후루룩 문장 만들기

동작의 열거: ~たり~たりする

주말에는	산책하거나 책을 읽거나 합니다.
週末は(しゅうまつ) 슈―마쯔와	散歩(さんぽ)したり本(ほん)を読(よ)んだりします。 삼―뽀시따리 홍―오 욘―다리 시마스

Tips! ❶ 동사 た형+り+동사 た형+りする: ~하거나 ~하거나 하다, 여러 개 중 대표 행동만 소개
❷ ~たり~たり로 나열하고, 반드시 'する'로 문장을 마무리
❸ 読む(よむ)+たり: よんだり 읽거나, 읽기도 하고

조건 가정: ~たら

비가	오면	택시로 갑시다.
雨が(あめ) 아메가	降(ふ)ったら 훗―따라	タクシーで 行(い)きましょう。 타쿠시―데 이끼마쇼―

Tips! ❶ 동사 た형+ら: ~하면, ~했을 때, 가정 표현 ❷ 탈 것 + 조사 で: ~로, 수단
❸ 동사 ます형 + ましょう: ~합시다, 부드러운 제안

메인요리 즐기기

SCAN ME!

동사 사전형을 보고, 빈칸에 た・たり・たら형을 적어 봅시다.

동사분류	사전형	た형(~했다)	たり형(~하기도 하고)	たら형(~하면)
1그룹	買(か)う 사다			
	会(あ)う 만나다			
	待(ま)つ 기다리다			
	乗(の)る 타다			
	飲(の)む 마시다			
	遊(あそ)ぶ 놀다			
	死(し)ぬ 죽다			
	歩(ある)く 걷다			
	泳(およ)ぐ 헤엄치다			
	話(はな)す 이야기하다			
	行(い)く 가다 예외			
2그룹	着(き)る 입다			
	借(か)りる 빌리다			
	教(おし)える 가르치다			
	寝(ね)る 자다			
3그룹	する 하다			
	来(く)る 오다			
	勉強(べんきょう)する 공부하다			
	料理(りょうり)する 요리하다			
	質問(しつもん)する 질문하다			

정답은 요리즐기기 정답 173p에서 확인!

디저트

5분 휴식

학습을 마친 후, 얼마나 이해했는지 다시 한번 체크해 보세요!

	그렇다	보통이다	모르겠다
★ '~たことがある/ない' 표현을 설명할 수 있다.	☐	☐	☐
★ "후지산에 오른 적이 없어요"라고 경험을 전달할 수 있다.	☐	☐	☐
★ "영화 본 후에 커피 어때요?"라고 제안할 수 있다.	☐	☐	☐
★ "담배는 끊는 게 좋겠어요"라고 조언해 줄 수 있다.	☐	☐	☐
★ "산책하거나 책을 읽거나 해요"라고 말할 수 있다.	☐	☐	☐
★ "비가 내리면 택시로 갑시다"라고 부드럽게 제안할 수 있다.	☐	☐	☐

* 스코어 계산법 :
그렇다=3점, 보통이다=2점, 모르겠다=1점

나의 합계 스코어는 ______ 점

☑ 셀프진단

» 14점 이상 ★★★
정말 훌륭합니다! '메인 요리1~3'을 입으로 뱉어 본 후 바로 학습을 종료해 주세요.

» 9~13점 ★★
거의 다 왔습니다! 약한 부분만 시간에 맞춰 다시 학습한 후 학습을 종료해 주세요.

» 9점 미만 ★
괜찮아요! 다시 한번 차근차근 '메인 요리1~3'을 학습해 봅시다!

DAY 12

"그녀에게 연락이 안 와"

원어민 음성듣기

오늘의 후루룩 코스

애피타이저 · 메인요리1~3 · 디저트

Day 12 학습을 모두 마치면

부정 표현을 마스터하여 하지 않는 행동이나 습관을 자연스럽게 말할 수 있어요.

후루룩 학습법

▸ 25분 학습 ◂ + ▸ 5분 휴식 ◂ = "1일 1후루룩 했다!"

1분 워밍업

- **애피타이저** 학습 전 셀프 체크하기

24분 집중

- **메인 요리 ❶** 1그룹 동사의 ない형
- **요리 즐기기** 써 보며 말문 열기
- **메인 요리 ❷** 2그룹 동사의 ない형
- **요리 즐기기** 써 보며 말문 열기
- **메인 요리 ❸** 3그룹 동사의 ない형
- **요리 즐기기** 써 보며 말문 열기

5분 휴식

- **디저트** 학습 후 다시 한번 셀프 진단하기

애피타이저

1분

학습을 시작하기 전, 내가 얼마나 알고 있는지 셀프 체크를 해 봅시다.

	YES	NO
★ 1그룹 동사 ない형 만드는 법을 설명할 수 있다.	☐	☐
★ 2그룹 동사 ない형 만드는 법을 설명할 수 있다.	☐	☐
★ 3그룹 동사 ない형 만드는 법을 설명할 수 있다.	☐	☐
★ '사지 않다' 표현을 말할 수 있다.	☐	☐
★ '잊지 않다' 표현을 말할 수 있다.	☐	☐
★ '운동하지 않다' 표현을 말할 수 있다.	☐	☐

☑ 셀프진단

» Yes가 4개 이상일 경우
'메인요리1~3'을 빠르게 확인 후 '메인요리 즐기기'에 도전해 보세요!

» Yes가 4개 이하일 경우
'메인요리1~3'을 집중해서 확인 후 '메인요리 즐기기'에 도전해 보세요!

메인요리 ❶

8분

使(つか)わないものは 買(か)わない。
츠카와나이 모노와 카와나이

쓰지 않는 것은 사지 않아.

대화하다 보면, '~하지 않아요'처럼 하지 않는 일도 자주 전하게 됩니다. 이번에는 하지 않는 행동이나 습관을 자연스럽게 말할 수 있도록 부정 표현 '동사 ない형'에 대해 알아볼게요.

후루룩 쌤의 꿀팁 ▶ 1그룹 동사의 ない형

1그룹	끝을 あ단으로 바꾸고 + ない う로 끝나는 동사는 わ로 바꾸고 + ない 예 いう → いわない

후루룩 문장 만들기

1그룹 동사 ない형: う단 → あ단 + ない

밤에는	혼자서	걷지 않아.
夜(よる)は 요루와	一人(ひとり)で 히또리데	歩(ある)かない。 아루카나이

Tips! ❶ 부사 一人で(ひとりで): 혼자서
❷ あるかない(걷지 않다)+です: 걷지 않아요(= あるきません)

1그룹 동사 ない형: う → わ + ない

쓰지 않는 것은	사지 않아.
使(つか)わないものは 츠카와나이모노와	買(か)わない。 카와나이

Tips! ❶ ~ない + もの: ~하지 않는 것/물건, ない가 명사를 수식하는 구조
❷ う로 끝나는 동사 + ない: う → わ+ない
예 かう(사다) + ない: かわない 사지 않다

메인요리 즐기기

SCAN ME!

1그룹 동사 사전형을 보고, 빈칸에 ない형을 적어 봅시다.

사전형	ない형	의미
買う(か) 사다 예외		사지 않다
会う(あ) 만나다 예외		만나지 않다
待つ(ま) 기다리다		기다리지 않다
持つ(も) 들다, 가지다		들지 않다
乗る(の) 타다		타지 않다
切る(き) 자르다		자르지 않다
飲む(の) 마시다		마시지 않다
読む(よ) 읽다		읽지 않다
遊ぶ(あそ) 놀다		놀지 않다
呼ぶ(よ) 부르다		부르지 않다
死ぬ(し) 죽다		죽지 않다
歩く(ある) 걷다		걷지 않다
書く(か) 쓰다		쓰지 않다
行く(い) 가다		가지 않다
急ぐ(いそ) 서두르다		서두르지 않다
泳ぐ(およ) 헤엄치다		헤엄치지 않다
貸す(か) 빌려주다		빌려주지 않다
話す(はな) 이야기하다		이야기하지 않다

정답은 요리즐기기 정답 173p에서 확인!

메인요리 ❷

8분

うわさは すぐに 信(しん)じない。

우와사와 스구니 신-지나이

소문은 바로 믿지 않아.

복잡한 1그룹 동사에 비해 2그룹 동사의 ない형은 る만 떼고 ない를 붙이면 되기 때문에, 부정 표현을 빠르고 자연스럽게 만들 수 있어요. 일상 대화에서 자주 쓰이는 부정 표현을 자연스럽게 말해 봅시다.

후루룩 쌤의 꿀팁 ▶ 2그룹 동사의 ない형

2그룹	る를 없애고 + ない

후루룩 문장 만들기

☝ 2그룹 동사 ない형: ~~る~~ + ない

소문은	바로	믿지 않아.
うわさは 우와사와	すぐに 스구니	信(しん)じない。 신-지나이

Tips!
❶ うわさ: 소문
❷ 부사 すぐに: 바로
❸ 信じる(しんじる): 믿다

✌ 2그룹 동사 ない형: ~~る~~ + ない

비오는 날에는	별로	외출하지 않아.
雨(あめ)の日(ひ)は 아메노 히와	あまり 아마리	出(で)かけない。 데카케나이

Tips!
❶ 부사 あまり~ない: 별로/그다지 ~하지 않다
❷ 出かける(でかける): 외출하다, 2그룹 동사

메인요리 즐기기

SCAN ME!

2그룹 동사 사전형을 보고, 빈칸에 ない형을 적어 봅시다.

사전형	ない형	의미
見(み)る 보다		보지 않다
いる 있다		있지 않다
起(お)きる 일어나다		일어나지 않다
着(き)る 입다		입지 않다
借(か)りる 빌리다		빌리지 않다
降(お)りる (탈 것에서) 내리다		내리지 않다
覚(おぼ)える 기억하다		기억하지 않다
教(おし)える 가르치다		가르치지 않다
閉(し)める 닫다		닫지 않다
食(た)べる 먹다		먹지 않다
出(で)る 나오다		나오지 않다
寝(ね)る 자다		자지 않다
疲(つか)れる 지치다		지치지 않다
見(み)せる 보여주다		보여주지 않다
忘(わす)れる 잊다		정하지 않다
決(き)める 정하다		잊지 않다

정답은 요리즐기기 정답 174p에서 확인!

메인요리 ❸

8분

か　もの
むだな 買い物は しない。

무다나 카이모노와 시나이

쓸데없는 쇼핑은 하지 않아.

불규칙 동사 3그룹의 ない형은 する는 'しない(하지 않다)', くる는 'こない(오지 않다)'가 됩니다. 부정 표현은 행동뿐만 아니라 생각 · 판단 · 태도도 자연스럽게 표현할 수 있어요.

후루룩 쌤의 꿀팁 ▶ 3그룹 동사의 ない형

3그룹	する → しない ｜ くる → こない

후루룩 문장 만들기

☝ 3그룹 동사 ない형: する → しない

쓸데없는	쇼핑은	하지 않아.
むだな 무다나	買い物は (か　もの) 카이모노와	しない。 시나이

Tips! むだだ : 쓸데없다, な형용사로 명사를 수식할 때는 むだな가 됨

✌ 3그룹 동사 ない형: くる → こない

그녀에게	연락이	안 와.
彼女から (かのじょ) 카노죠까라	連絡が (れんらく) 렌-라꾸가	来ない。 (こ) 코나이

Tips! ❶ 조사 から: ~로부터, ~에게서
❷ 조사 が: ~이/가, ~을/를, 여기에서는 ~이/가

메인요리 즐기기

SCAN ME!

3그룹 동사와 '한자어 + する' 동사의 ない형을 적어 봅시다.

사전형	ない형	의미
する 하다		하지 않다
来る(く) 오다		오지 않다
勉強する(べんきょう) 공부하다		공부하지 않다
料理する(りょうり) 요리하다		요리하지 않다
運動する(うんどう) 운동하다		운동하지 않다
旅行する(りょこう) 여행하다		여행하지 않다

동사 ない형 활용 방법을 외우고, 다시 한번 적어 보세요.

그룹	ない형 활용 방법	다시 적어 보기
1그룹	끝을 あ단으로 바꾸고 + ない	
	う로 끝나는 동사 わ로 바꾸고 + ない	
2그룹	る ➡ ない	
3그룹	する ➡ しない	
	来る(く) ➡ こない	

정답은 요리즐기기 정답 174p에서 확인!

5분 휴식

디저트

학습을 마친 후, 얼마나 이해했는지 다시 한번 체크해 보세요!

	그렇다	보통이다	모르겠다
★ 동사를 ない형으로 바꾸는 방법을 설명할 수 있다.	☐	☐	☐
★ "쓰지 않는 것은 사지 않아"라고 말할 수 있다.	☐	☐	☐
★ "믿지 않아"라고 제안할 수 있다.	☐	☐	☐
★ "비오는 날에는 별로 외출하지 않아"라고 말할 수 있다.	☐	☐	☐
★ "쓸데없는 쇼핑은 하지 않아"라고 말할 수 있다.	☐	☐	☐
★ "그녀에게 연락이 오지 않아"라고 말할 수 있다.	☐	☐	☐

* 스코어 계산법 :
그렇다=3점, 보통이다=2점, 모르겠다=1점

나의 합계 스코어는 ______ 점

☑ 셀프진단

» **14점 이상 ★★★**
정말 훌륭합니다! '메인 요리1~3'을 입으로 뱉어 본 후 바로 학습을 종료해 주세요.

» **9~13점 ★★**
거의 다 왔습니다! 약한 부분만 시간에 맞춰 다시 학습한 후 학습을 종료해 주세요.

» **9점 미만 ★**
괜찮아요! 다시 한번 차근차근 '메인 요리1~3'을 학습해 봅시다!

원어민 음성듣기

DAY 13

"무리해서 마시지 않아도 돼요"

오늘의 후루룩 코스

애피타이저 메인요리1~3 디저트

Day 13 학습을 모두 마치면

ない형을 활용하여 다양한 표현을 익히고, 일상이나 여행에서 의무 · 허가 · 조언 · 주의 등의 상황에 맞게 자연스럽게 표현할 수 있습니다.

후루룩 학습법

▸ 25분 학습 ◂

+

▸ 5분 휴식 ◂

=

"1일 1후루룩 했다!"

1분 워밍업

- **애피타이저** 학습 전 셀프 체크하기

24분 집중

- **메인 요리 ❶** 부정 연결과 금지 표현
- **요리 즐기기** 써 보며 말문 열기
- **메인 요리 ❷** 의무 표현과 허가 표현
- **요리 즐기기** 써 보며 말문 열기
- **메인 요리 ❸** 조언 표현과 주의 · 경고 표현
- **요리 즐기기** 써 보며 말문 열기

5분 휴식

- **디저트** 학습 후 다시 한번 셀프 진단하기

애피타이저

1분

학습을 시작하기 전, 내가 얼마나 알고 있는지 셀프 체크를 해 봅시다.

	YES	NO
★ 'ないで' 표현의 의미를 알고 있다.	☐	☐
★ 'ないでください' 표현의 의미를 알고 있다.	☐	☐
★ 'なければならない' 표현의 의미를 알고 있다.	☐	☐
★ 'なくてもいい' 표현의 의미를 알고 있다.	☐	☐
★ 'ないほうがいい' 표현의 의미를 알고 있다.	☐	☐
★ 'ないと' 표현의 의미를 알고 있다.	☐	☐

셀프진단

» Yes가 4개 이상일 경우
'메인요리1~3'을 빠르게 확인 후 '메인요리 즐기기'에 도전해 보세요!

» Yes가 4개 이하일 경우
'메인요리1~3'을 집중해서 확인 후 '메인요리 즐기기'에 도전해 보세요!

메인요리 ❶

8분

ここで たばこを 吸(す)わないで ください。

고꼬데 타바꼬오 스와나이데 쿠다사이

여기에서 담배를 피우지 마세요.

동사 ない형을 알고 있으면 다양한 표현으로 확장할 수 있어요. ない형에 ないで를 붙이면 '~하지 않고, ~하지 않은 채로'라는 뜻이 되고, 여기에 ください를 더하면 '~하지 마세요'라는 부드러운 금지 표현이 됩니다.

후루룩 쌤의 꿀팁 ▶ 경험의 유무 표현

부정 연결	ないで	~하지 않고, ~하지 않은 채로
금지 표현	ないで ください	~하지 말아 주세요, ~하지 마세요

후루룩 문장 만들기

부정 연결: ない → ないで

불(전기)을	끄지 않고	외출했어요.
電気(でんき)を 뎅-끼오	消(け)さないで 케사나이데	出(で)かけました。 데카케마시따

Tips! ❶ 電気(でんき): 전기, 불 ❷ 消す(けす): 끄다, 1그룹 동사
❸ 出かける(でかける): 외출하다, 2그룹 동사 ❹ ないで: ~하지 않고, ~하지 않은 채로

금지 표현: ない → ないで + ください

여기에서	담배를	피우지 마세요.
ここで 고꼬데	たばこを 타바꼬오	吸(す)わないでください。 스와나이데 쿠다사이

Tips! ❶ 吸う(すう): 피우다, 1그룹 동사
❷ ~ないでください: ~하지 마세요, 정중한 부탁 · 금지 표현
※ ~てください: ~해 주세요, 부탁 · 요청 표현

메인요리 즐기기

SCAN ME!

다음 그림을 보면서 우리말에 맞게 일본어를 넣어 주세요.

1 

さわる 만지다 1그룹

▶ ....

만지지 마세요.

2 

食(た)べる 먹다 2그룹

▶ ....

먹지 마세요.

3 

はいる 들어가다 예외 1그룹

▶ ....

들어가지 마세요.

4 

たばこを吸(す)う 담배를 피우다 1그룹

▶ ....

담배를 피우지 마세요.

5 

ごみをすてる 쓰레기를 버리다 2그룹

▶ ....

쓰레기를 버리지 마세요.

6 

ケータイを使(つか)う 휴대전화를 사용하다 1그룹

▶ ....

휴대전화를 사용하지 마세요.

7 

泳(およ)ぐ 수영하다 1그룹

▶ ....

수영하지 마세요.

8 

写真(しゃしん)をとる 사진을 찍다 1그룹

▶ ....

사진을 찍지 마세요.

정답은 요리즐기기 정답 175p에서 확인!

메인요리 ❷

8분

無理(むり)して 飲(の)まなくても いいです。

무리시떼 노마나쿠떼모 이-데스

무리해서 마사지 않아도 돼요.

동사의 ない형을 활용해, 의무 표현 '~해야 한다', 허가 표현 '~하지 않아도 된다' 등을 말할 수 있어요.

후루룩 쌤의 꿀팁 ▶ 의무 표현 · 허가 표현

의무 표현	~なければ ならない	~하지 않으면 안 되다, ~해야 한다
허가 표현	~なくても いい	~하지 않아도 된다

후루룩 문장 만들기

의무 표현: ない → なければならない

여기에서	신발을	벗어야 해요.
ここで 고꼬데	くつを 쿠쯔오	ぬがなければなりません。 누가나케레바 나리마셍-

Tips! ❶ 脱ぐ(ぬぐ): 벗다, 1그룹 동사
❷ なければなりません: (반드시) ~해야 해요(= なければならないです)

허가 표현: ない → なくてもいい

무리해서	마시지 않아도 돼요.
無理(むり)して 무리시떼	飲(の)まなくてもいいです。 노마나쿠떼모 이-데스

Tips! ❶ 無理する(むりする): 무리하다, 3그룹 동사 ❷ 飲む(のむ): 외출하다, 1그룹 동사
❷ なくてもいいです: ~하지 않아도 돼요, 허가 표현

메인요리 즐기기

SCAN ME!

예를 확인하고 빈칸에 알맞은 말을 넣어 보세요.

예

の
飲む
마시다
1그룹

- ▶ のまない。 — 마시지 않다.
- ▶ のまなくてもいいです。 — 마시지 않아도 돼요.
- ▶ のまなければならないです。 — 마시지 않으면 안 돼요.
- = のまなければなりません。

1

かえ
返す
반납하다
1그룹

- ▶ — 반납하지 않다.
- ▶ — 반납하지 않아도 돼요.
- ▶ — 반납하지 않으면 안 돼요.
- =

2

かえ
帰る
돌아가다
예외 1그룹

- ▶ — 돌아가지 않다.
- ▶ — 돌아가지 않아도 돼요.
- ▶ — 돌아가지 않으면 안 돼요.
- =

3

み
見せる
보여주다
2그룹

- ▶ — 보여주지 않다.
- ▶ — 보여주지 않아도 돼요.
- ▶ — 보여주지 않으면 안 돼요.
- =

4

しゅっぱつ
出発する
출발하다
3그룹

- ▶ — 출발하지 않다.
- ▶ — 출발하지 않아도 돼요.
- ▶ — 출발하지 않으면 안 돼요.
- =

5

く
来る
오다
3그룹

- ▶ — 오지 않다.
- ▶ — 오지 않아도 돼요.
- ▶ — 오지 않으면 안 돼요.
- =

정답은 요리즐기기 정답 175p에서 확인!

메인요리 ❸

8분

いそ　　　　　ち　こく
急がないと 遅刻するよ。
이소가나이또 치코꾸스루요

서두르지 않으면 지각할 거야.

의무나 금지 표현에 이어, ない형을 활용하여 '~하지 않는 편이 좋다'와 같은 조언 표현이나 '~하지 않으면'처럼 주의나 경고 표현도 만들 수 있어요.

후루룩 쌤의 꿀팁 ▶ 조언 표현과 주의 · 경고 표현

조언 표현	~ないほうがいい	~하지 않는 편이 좋다
주의·경고 표현	~ないと~	~하지 않으면 + (부정적인 결과)

후루룩 문장 만들기

조언 표현: ない + ほうがいい

자기 전에는	스마트폰을	쓰지 않는 게 좋아요.
ね　まえ 寝る前は 네루마에와	スマホを 스마호오	つか 使わないほうがいいです。 츠카와나이호-가이-데스

Tips!
❶ 寝る前(ねるまえ): 자기 전(동사 사전형 + 前 ~하기 전)
❷ ~ないほうがいいです: ~하지 않는 편이 좋아요(조언 표현)
※ ~たほうがいい: ~하는 편이 좋다

주의 · 경고 표현: ない + と

서두르지 않으면	지각할 거야.
いそ 急がないと 이소가나이또	ち こく 遅刻するよ。 치코꾸스루요

Tips!
❶ 急ぐ(いそぐ): 서두르다, 1그룹 동사
❷ ~ないと: ~하지 않으면(+ 부정적인 결과), 주의 · 경고 표현
❸ 遅刻する(ちこくする): 지각하다, 3그룹 동사

메인요리 즐기기

SCAN ME!

예를 확인하고 빈칸에 알맞은 말을 넣어 보세요.

예 飲む(の) 마시다 1그룹
- ▸ のまない。 마시지 않다.
- ▸ のまないと～。 마시지 않으면~.
- ▸ のまないほうがいい。 마시지 않는 편이 좋다.

1 払う(はら) 지불하다 1그룹
- ▸ 지불하지 않다.
- ▸ 지불하지 않으면~.
- ▸ 지불하지 않는 편이 좋다.

2 行く(い) 가다 1그룹
- ▸ 가지 않다.
- ▸ 가지 않으면~.
- ▸ 가지 않는 편이 좋다.

3 急ぐ(いそ) 서두르다 1그룹
- ▸ 서두르지 않다.
- ▸ 서두르지 않으면~.
- ▸ 서두르지 않는 편이 좋다.

4 乗る(の) 타다 1그룹
- ▸ 타지 않다.
- ▸ 타지 않으면~.
- ▸ 타지 않는 편이 좋다.

5 出る(で) 나가다 2그룹
- ▸ 나가지 않다.
- ▸ 나가지 않으면~.
- ▸ 나가지 않는 편이 좋다.

6 掃除する(そうじ) 청소하다 3그룹
- ▸ 청소하지 않다.
- ▸ 청소하지 않으면~.
- ▸ 청소하지 않는 편이 좋다.

7 来る(く) 오다 3그룹
- ▸ 오지 않다.
- ▸ 오지 않으면~.
- ▸ 오지 않는 편이 좋다.

정답은 요리즐기기 정답 175p에서 확인!

5분 휴식

디저트

학습을 마친 후, 얼마나 이해했는지 다시 한번 체크해 보세요!

	그렇다	보통이다	모르겠다
★ "불을 끄지 않고 외출했어요"라고 상대에게 전달할 수 있다.	☐	☐	☐
★ "여기에서 담배를 피우지 마세요"라고 부탁할 수 있다.	☐	☐	☐
★ "신발을 벗어야 해요"라고 의무 사항을 전달할 수 있다.	☐	☐	☐
★ "무리해서 마시지 않아도 돼"라고 상대에게 전달할 수 있다.	☐	☐	☐
★ "스마트폰을 쓰지 않는 게 좋아"라고 조언해 줄 수 있다.	☐	☐	☐
★ "서두르지 않으면 지각할 거야"라고 주의를 줄 수 있다.	☐	☐	☐

* 스코어 계산법 :
그렇다=3점, 보통이다=2점, 모르겠다=1점

나의 합계 스코어는 ______ **점**

셀프진단

» **14점 이상 ★★★**
정말 훌륭합니다! '메인 요리1~3'을 입으로 뱉어 본 후 바로 학습을 종료해 주세요.

» **9~13점 ★★**
거의 다 왔습니다! 약한 부분만 시간에 맞춰 다시 학습한 후 학습을 종료해 주세요.

» **9점 미만 ★**
괜찮아요! 다시 한번 차근차근 '메인 요리1~3'을 학습해 봅시다!

원어민 음성듣기

DAY 14

"내일부터 다이어트해야지"

오늘의 후루룩 코스

애피타이저　메인요리1~3　디저트

Day 14 학습을 모두 마치면

의지형과 가능형을 익혀 계획이나 제안을 말하고 가능 여부를 묻거나 설명할 수 있어요.

후루룩 학습법

▸ 25분 학습 ◂ + ▸ 5분 휴식 ◂ = "1일 1후루룩 했다!"

1분 워밍업

- **애피타이저** 학습 전 셀프 체크하기

24분 집중

- **메인 요리 ❶** 동사의 의지 · 권유형
- **요리 즐기기** 써 보며 말문 열기
- **메인 요리 ❷** 의지 표현과 예정 표현
- **요리 즐기기** 써 보며 말문 열기
- **메인 요리 ❸** 동사의 가능형
- **요리 즐기기** 써 보며 말문 열기

5분 휴식

- **디저트** 학습 후 다시 한번 셀프 진단하기

애피타이저

1분

학습을 시작하기 전, 내가 얼마나 알고 있는지 셀프 체크를 해 봅시다.

	YES	NO
★ 동사를 의지 · 권유형으로 바꾸는 방법을 설명할 수 있다.	☐	☐
★ 의지형의 의미를 알고 있다.	☐	☐
★ '~と思う' 표현의 의미를 알고 있다.	☐	☐
★ '~つもりだ' 표현의 의미를 알고 있다.	☐	☐
★ 동사를 가능형으로 바꾸는 방법을 설명할 수 있다.	☐	☐
★ "갈 수 있나요?"라고 질문할 수 있다.	☐	☐

☑ 셀프진단

» Yes가 4개 이상일 경우
'메인요리1~3'을 빠르게 확인 후 '메인요리 즐기기'에 도전해 보세요!

» Yes가 4개 이하일 경우
'메인요리1~3'을 집중해서 확인 후 '메인요리 즐기기'에 도전해 보세요!

메인요리 ❶

8분

明日(あした)から ダイエットを しよう。

아시따까라 다이엣-또오 시요-

내일부터 다이어트해야지.

일상에서 '~해야지'하며 나의 의지를 표현하거나 상대에게 '~하자'라고 권유하는 상황이 자주 발생해요. 동사 '(よ)う'의 형태를 가지는 의지 · 권유형을 알아봅시다.

후루룩 쌤의 꿀팁 ▶ 동사의 의지 · 권유형

1그룹	끝을 お단으로 바꾸고 + う
2그룹	る를 없애고 + よう
3그룹	する → しよう │ くる → こよう

후루룩 문장 만들기

1그룹 동사 의지 · 권유형: う단 → お단 + う

이제부터	일본어로	이야기해야지/하자.
これから 고레까라	日本語(にほんご)で 니홍-고데	話(はな)そう。 はなす 하나소-

2그룹 동사 의지 · 권유형: る + よう

오늘부터	술을	끊어야지/끊자.
今日(きょう)から 쿄-까라	お酒(さけ)を 오사케오	やめよう。 やめる 야메요-

3그룹 동사 의지 · 권유형: する → しよう │ くる → こよう

내일부터	다이어트	해야지/하자.
明日(あした)から 아시타까라	ダイエットを 다이엣-또오	しよう。 する 시요-

메인요리 즐기기

SCAN ME!

동사 1, 2, 3그룹의 의지 · 권유형을 익히며 써 봅시다.

동사분류	사전형	의지 · 권유형(よう)	따라 써 보기
1그룹	買(か)う 사다		사야지, 사자
	歩(ある)く 걷다		걸어야지, 걷자
	急(いそ)ぐ 서두르다		서둘러야지, 서두르자
	返(かえ)す 반납하다		반납해야지, 반납하자
	待(ま)つ 기다리다		기다려야지, 기다리자
	死(し)ぬ 죽다		죽어야지, 죽자
	遊(あそ)ぶ 놀디		놀아야지, 놀자
	飲(の)む 마시다		마셔야지, 마시자
	乗(の)る 타다		타야지, 타자
	帰(かえ)る 돌아가다/오다		돌아가야지, 돌아가자
	走(はし)る 달리다		달려야지, 달리자
2그룹	見(み)る 보다		봐야지, 보자
	起(お)きる 일어나다		일어나야지, 일어나자
	食(た)べる 먹다		먹어야지, 먹자
	寝(ね)る 자다		자야지, 자자
3그룹	来(く)る 오다		와야지, 오자
	する 하다		해야지, 하자

정답은 요리즐기기 정답 176p에서 확인!

메인요리 ❷

8분

かのじょ　　　　　　　　　　　　おも
彼女にプロポーズをしようと思います。

카노죠니 프로포-즈오 시요-또 오모이마스

그녀에게 프러포즈를 하려고 해요.

동사 의지형에 '~と思う(おもう)'를 접속해 '~하려고 하다'처럼 계획이나 결심을 표현하거나, つもり를 사용해 '~할 예정이에요'와 같은 예정 표현 등을 만들 수 있어요.

후루룩 쌤의 꿀팁 ▶ 의지 · 예정 표현

의지 표현	동사 의지형 + と思う(おもう)	~하려고 (생각)하다
예정 표현	동사 사전형 + つもりだ	~할 예정(작정)이다

후루룩 문장 만들기

의지 표현: 동사 의지형 + と思う

그녀에게	프러포즈를	하려고 해요.
かのじょ 彼女に 카노죠니	プロポーズを 프로포-즈오	おも しようと思います。 시요-또 오모이마스

Tips!
❶ 彼女に(かのじょに): 그녀에게
❷ 의지형+思います(おもいます): ~하려고 해요. 말하는 사람의 계획과 결심을 부드럽게 전달

예정 표현: 동사 사전형 + つもりだ

12월에	홋카이도에	갈 예정이에요.
じゅうにがつ 12月に 쥬-니가쯔니	ほっかいどう 北海道へ 홋-카이도-에	い 行くつもりです。 이꾸 쯔모리데스

Tips!
❶ 조사 に: ~에, 시간 + に
❷ 조사 へ: ~에, 방향 · 목적지 + へ
❸ 동사 사전형 + つもりです: ~할 예정(생각)이에요. 계획이나 예정 표현, 계획이 어느 정도 정해진 상태

메인요리 즐기기

SCAN ME!

예를 확인하고 빈칸에 알맞은 말을 넣어 보세요.

예	会う(あ) 만나다	1그룹	▶ あおうと思います	만나려고 해요.
			▶ あうつもりです	만날 예정이에요.
1	行く(い) 가다	1그룹	▶	가려고 해요.
			▶	갈 예정이에요.
2	歩く(ある) 걷다	1그룹	▶	걸으려고 해요.
			▶	걸을 예정이에요.
3	急ぐ(いそ) 서두르다	1그룹	▶	서두르려고 해요.
			▶	서두를 예정이에요.
4	待つ(ま) 기다리다	1그룹	▶	기다리려고 해요.
			▶	기다릴 예정이에요.
5	乗る(の) 타다	1그룹	▶	타려고 해요.
			▶	탈 예정이에요.
6	起きる(お) 일어나다	2그룹	▶	일어나려고 해요.
			▶	일어날 예정이에요.
7	寝る(ね) 자다	2그룹	▶	자려고 해요.
			▶	잘 예정이에요.
8	食べる(た) 먹다	2그룹	▶	먹으려고 해요.
			▶	먹을 예정이에요.
9	来る(く) 오다	3그룹	▶	오려고 해요.
			▶	올 예정이에요.
10	する 하다	3그룹	▶	하려고 해요.
			▶	할 예정이에요.

정답은 요리즐기기 정답 176p에서 확인!

메인요리 ❸

8분

きょう なんじ こ
今日 何時ごろ 来られますか。

쿄- 난-지고로 코라레마스까

오늘 몇 시쯤 올 수 있나요?

마지막으로 '~할 수 있나요?, ~이 가능하다'처럼 질문 · 부탁 · 설명을 자연스럽게 만들어 주는 가능 표현을 알아볼 거예요.

후루룩 쌤의 꿀팁 ▶ 동사의 가능형

1그룹	끝을 え단으로 바꾸고 + る
2그룹	る를 없애고 + られる
3그룹	する → できる ｜ くる → こられる

※ 가능 동사 앞에는 'を' 대신 'が'를 쓰며, '~을 할 수 있다'로 해석함.

후루룩 문장 만들기

1그룹 가능형: う단 → え단 + る

이 전철로	공항까지	갈 수 있나요?
でんしゃ この電車で 고노 덴-샤데	くうこう 空港まで 쿠-코-마데	い 行けますか。 いく 이케마스까

2그룹 가능형: る + られる

저는	낫또를	못 먹어요.
わたし 私は 와따시와	なっとう 納豆が 낫-또-가	た 食べられません。 たべる 타베라레마셍-

3그룹 가능형: する → できる ｜ くる → こられる

오늘	몇 시쯤	올 수 있나요?
きょう 今日 쿄-	なんじ 何時ごろ 난-지고로	こ 来られますか。 くる 코라레마스까

메인요리 즐기기

SCAN ME!

동사 1, 2, 3그룹의 가능형을 익히며 써 보세요.

동사분류	사전형	가능형	의미
1그룹	買(か)う 사다		살 수 있다
	行(い)く 가다		갈 수 있다
	書(か)く 쓰다		쓸 수 있다
	話(はな)す 이야기하다		이야기할 수 있다
	待(ま)つ 기다리다		기다릴 수 있다
	死(し)ぬ 죽다		죽을 수 있다
	遊(あそ)ぶ 놀다		놀 수 있다
	飲(の)む 마시다		마실 수 있다
	乗(の)る 타다		탈 수 있다
	入(はい)る 들어가다/오다		들어갈 수 있다
	切(き)る 자르다		자를 수 있다
2그룹	見(み)る 보다		볼 수 있다
	起(お)きる 일어나다		일어날 수 있다
	食(た)べる 먹다		먹을 수 있다
	寝(ね)る 자다		잘 수 있다
3그룹	来(く)る 옵니다		올 수 있다
	する 합니다		할 수 있다

정답은 요리즐기기 정답 177p에서 확인!

5분 휴식

디저트

학습을 마친 후, 얼마나 이해했는지 다시 한번 체크해 보세요!

	그렇다	보통이다	모르겠다
★ 동사 의지 · 권유형 바꾸는 법에 대해 설명할 수 있다.	☐	☐	☐
★ “오늘부터 술을 끊어야지”라고 의지를 다질 수 있다.	☐	☐	☐
★ “프러포즈를 하려고 해요”라고 상대에게 전달할 수 있다.	☐	☐	☐
★ “홋카이도에 갈 예정이에요”라고 상대에게 전달할 수 있다.	☐	☐	☐
★ 동사 가능형 바꾸는 법에 대해 설명할 수 있다.	☐	☐	☐
★ “오늘 몇 시쯤 올 수 있나요?”라고 물을 수 있다.	☐	☐	☐

* 스코어 계산법 :
그렇다=3점, 보통이다=2점, 모르겠다=1점

나의 합계 스코어는 ______ 점

☑ 셀프진단

» **14점 이상 ★★★**
정말 훌륭합니다! '메인 요리1~3'을 입으로 뱉어 본 후 바로 학습을 종료해 주세요.

» **9~13점 ★★**
거의 다 왔습니다! 약한 부분만 시간에 맞춰 다시 학습한 후 학습을 종료해 주세요.

» **9점 미만 ★**
괜찮아요! 다시 한번 차근차근 '메인 요리1~3'을 학습해 봅시다!

후루룩 일본어

왕초보 문법 + 쓰기 연습

- ✓ 메인요리 즐기기 정답
- ✓ 후루룩 문법&표현 모음집

메인요리 즐기기 정답

DAY 1

메인요리 ❶ - 메인요리 즐기기 p.25

1	▸ かんこくじんです。 ▸ かんこくじんじゃないです。 = かんこくじんじゃありません。
2	▸ にほんじんです。 ▸ にほんじんじゃないです。 = にほんじんじゃありません。
3	▸ かしゅです。 ▸ かしゅじゃないです。 = かしゅじゃありません。
4	▸ かいしゃいんです。 ▸ かいしゃいんじゃないです。 = かいしゃいんじゃありません。
5	▸ だいがくせいです。 ▸ だいがくせいじゃないです。 = だいがくせいじゃありません。
6	▸ ユーチューバーです。 ▸ ユーチューバーじゃないです。 = ユーチューバーじゃありません。
7	▸ エンジニアです。 ▸ エンジニアじゃないです。 = エンジニアじゃありません。

메인요리 ❷ - 메인요리 즐기기 P.27

1	▸ やすみでした。 ▸ やすみじゃなかったです。 = やすみじゃありませんでした。
2	▸ びょういんでした。 ▸ びょういんじゃなかったです。 = びょういんじゃありませんでした。
3	▸ にちようびでした。 ▸ にちようびじゃなかったです。 = にちようびじゃありませんでした。
4	▸ アメリカじんでした。 ▸ アメリカじんじゃなかったです。 = アメリカじんじゃありませんでした。

메인요리 ❸ - 메인요리 즐기기 P.29

1 저의 책이에요.
2 제 것이에요.
3 친구인 미카예요.
4 일본어 책이에요.

5	▸ かぞくの ▸ かぞくで
6	▸ デザイナーの ▸ デザイナーで
7	▸ さっかの ▸ さっかで
8	▸ にほんごの ▸ にほんごで

DAY 2

메인요리 ❶ - 메인요리 즐기기 P.35

※ 쓰기 연습 코너로 정답은 없습니다.

메인요리 ❷ - 메인요리 즐기기 P.37

1 (사물이) 있습니다 – ① あります
2 (사람이) 있습니다 – ③ います
3 (사람이) 없습니다 – ② いません
4 (사물이) 없습니다 – ④ ありません
5 ホテルは どこに ありますか。
6 へやに ねこが います。
7 パスポートが ありません。
8 ここには だれも いません。

메인요리 ❸ - 메인요리 즐기기 P.39

※ 쓰기 연습 코너로 정답은 없습니다.

DAY 3

메인요리 ❶ - 메인요리 즐기기 P.45

1	とおいです
2	おもいです
3	かなしいです
4	いいです
5	むずかしいです
6	おもしろいです
7	やすい ユニクロ
8	ちかい コンビニ
9	あまい ケーキ
10	かわいい アイドル

메인요리 ❷ - 메인요리 즐기기 P.47

1	▸ からくない。 ▸ からくないです。 = からくありません。
2	▸ よくない。 ▸ よくないです。 = よくありません。
3	▸ たかいです。 ▸ たかくないです。 = たかくありません。
4	▸ とおいです。 ▸ とおくないです。 = とおくありません。

5	ちかくて / ちかい
6	ひろくて / ひろい
7	さむくて / さむい

메인요리 ③ - 메인요리 즐기기 P.49

1	▸ あたたかかったです。 ▸ あたたかくなかったです。 = あたたかくありませんでした。
2	▸ あつかったです。 ▸ あつくなかったです。 = あつくありませんでした。
3	▸ すずしかったです。 ▸ すずしくなかったです。 = すずしくありませんでした。
4	▸ さむかったです。 ▸ さむくなかったです。 = さむくありませんでした。
5	▸ よかったです。 ▸ よくなかったです。 = よくありませんでした。
6	▸ うれしかったです。 ▸ うれしくなかったです。 = うれしくありませんでした。
7	▸ かなしかったです。 ▸ かなしくなかったです。 = かなしくありませんでした。

DAY 4

메인요리 ① - 메인요리 즐기기 P.55

1	きれいです
2	ゆうめいです
3	すきです
4	きらいです
5	じょうずです
6	へたです
7	まじめな
8	べんりな
9	しんせんな
10	しんせつな

메인요리 ② - 메인요리 즐기기 P.57

1	▸ ゆうめいです。 ▸ ゆうめいじゃないです。 = ゆうめいじゃありません。
2	▸ すきです。 ▸ すきじゃないです。 = すきじゃありません。
3	▸ まじめです。 ▸ まじめじゃないです。 = まじめじゃありません。
4	▸ じょうずです。 ▸ じょうずじゃないです。 = じょうずじゃありません。
5	べんりで / べんりな

6 しんせんで / しんせんな
7 しんせつで / しんせつな

메인요리 ❸ - 메인요리 즐기기 P.59

1
▶ しんせつでした。
▶ しんせつじゃなかったです。
= しんせつじゃありませんでした。

2
▶ きれいでした。
▶ きれいじゃなかったです。
= きれいじゃありませんでした。

3
▶ ふべんでした。
▶ ふべんじゃなかったです。
= ふべんじゃありませんでした。

4
▶ ゆうめいでした。
▶ ゆうめいじゃなかったです。
= ゆうめいじゃありませんでした。

5
▶ しずかでした。
▶ しずかじゃなかったです。
= しずかじゃありませんでした。

6
▶ ふくざつでした。
▶ ふくざつじゃなかったです。
= ふくざつじゃありませんでした。

7
▶ たいへんでした。
▶ たいへんじゃなかったです。
= たいへんじゃありませんでした。

DAY 5

메인요리 ❶ - 메인요리 즐기기 P.65

※ 쓰기 연습 코너로 정답은 없습니다.

메인요리 ❷ - 메인요리 즐기기 P.67

1 ごぜん じゅうじ
2 ごぜん じゅういちじ じゅうごふん
3 ごご さんじ さんじゅっぷん / はん
4 ごご じゅうにじ

메인요리 ❸ - 메인요리 즐기기 P.69

※ 쓰기 연습 코너로 정답은 없습니다.

DAY 6

메인요리 ❶ - 메인요리 즐기기 P.75

※ 쓰기 연습 코너로 정답은 없습니다.

메인요리 ❷ - 메인요리 즐기기 P.77

※ 쓰기 연습 코너로 정답은 없습니다.

메인요리 ❸ - 메인요리 즐기기 P.79

1	▸ よみます ▸ よみません ▸ よみました ▸ よみませんでした
2	▸ きります ▸ きりません ▸ きりました ▸ きりませんでした
3	▸ おきます ▸ おきません ▸ おきました ▸ おきませんでした
4	▸ します ▸ しません ▸ しました ▸ しませんでした
5	▸ きます ▸ きません ▸ きました ▸ きませんでした

DAY 7

메인요리 ❶ - 메인요리 즐기기 P.85

1	▸ かえりたいです。 ▸ かえりたくないです。 = かえりたくありません。
2	▸ やすみたいです。 ▸ やすみたくないです。 = やすみたくありません。
3	▸ ごうかくしたいです。 ▸ ごうかくしたくないです。 = ごうかくしたくありません。
4	▸ あいたいです。 ▸ あいたくないです。 = あいたくありません。
5	つかいかた
6	つくりかた
7	おぼえかた

메인요리 ❷ - 메인요리 즐기기 P.87

1	コーヒーを飲(の)みながら仕事(しごと)をします。
2	音楽(おんがく)を聞(き)きながら勉強(べんきょう)をします。
3	ポップコンを食(た)べながら映画(えいが)を見(み)ます。
4	歌(うた)を歌(うた)いながらおどります。

ます형+に(~하러)	
買(か)いに	사러
遊(あそ)びに	놀러
飲(の)みに	마시러
乗(の)りに	타러
見(み)に	보러
食(た)べに	먹으러
勉強(べんきょう)しに	공부하러

메인요리 ❸ - 메인요리 즐기기 P.89

1	▸ つかいます。 ▸ つかいやすいです。 ▸ つかいにくいです。
2	▸ わかります。 ▸ わかりやすいです。 ▸ わかりにくいです。
3	▸ かきます。 ▸ かきやすいです。 ▸ かきにくいです。
4	▸ うごきます。 ▸ うごきやすいです。 ▸ うごきにくいです。
5	▸ おぼえます。 ▸ おぼえやすいです。 ▸ おぼえにくいです。
6	▸ みつけます。 ▸ みつけやすいです。 ▸ みつけにくいです。
7	▸ りかいします。 ▸ りかいしやすいです。 ▸ りかいしにくいです。

DAY 8

메인요리 ❶ - 메인요리 즐기기 P.95

て형	
買(か)って	사고, 사서
会(あ)って	만나고, 만나서
待(ま)って	기다리고, 기다려서
持(も)って	들고, 들어서
乗(の)って	타고, 타서
切(き)って	자르고, 잘라서
飲(の)んで	마시고, 마셔서
読(よ)んで	읽고, 읽어서
遊(あそ)んで	놀고, 놀아서
呼(よ)んで	부르고, 불러서
死(し)んで	죽고, 죽어서
歩(ある)いて	걷고, 걸어서
書(か)いて	쓰고, 써서
急(いそ)いで	서두르고, 서둘러서
泳(およ)いで	헤엄치고, 헤엄쳐서
貸(か)して	빌려주고, 빌려줘서
話(はな)して	이야기하고, 이야기해서
行(い)って	가고, 가서

메인요리 ❷ - 메인요리 즐기기 P.97

て형	
見(み)て	보고, 봐서
いて	있고, 있어서
起(お)きて	일어나고, 일어나서
着(き)て	입고, 입어서
借(か)りて	빌리고, 빌려서
降(お)りて	내리고, 내려서
覚(おぼ)えて	기억하고, 기억해서
教(おし)えて	가르치고, 가르쳐서
閉(し)めて	닫고, 닫아서
食(た)べて	먹고, 먹어서
出(で)て	나오고, 나와서
寝(ね)て	자고, 자서
疲(つか)れて	지치고, 지쳐서
見(み)せて	보여주고, 보여줘서
忘(わす)れて	잊고, 잊어서
決(き)めて	정하고, 정해서

메인요리 ❸ - 메인요리 즐기기 P.99

	て형
して	하고, 해서
きて	오고, 와서
勉強(べんきょう)して	공부하고, 공부해서
料理(りょうり)して	요리하고, 요리해서
運動(うんどう)して	운동하고, 운동해서
旅行(りょこう)して	여행하고, 여행해서

DAY 9

메인요리 ❶ - 메인요리 즐기기 P.105

1	▸ まってください。 ▸ まってくださいませんか。
2	▸ いってください。 ▸ いってくださいませんか。
3	▸ とってください。 ▸ とってくださいませんか。
4	▸ おしえてください。 ▸ おしえてくださいませんか。
5	▸ かくにんしてください。 ▸ かくにんしてくださいませんか。
6	ついてから
7	さいてから
8	あらってから
9	かんがえてから

메인요리 ❷ - 메인요리 즐기기 P.107

1	▸ きいてみます。 ▸ きいています。
2	▸ まってみます。 ▸ まっています。
3	▸ のんでみます。 ▸ のんでいます。
4	▸ あそんでみます。 ▸ あそんでいます。
5	▸ あるいてみます。 ▸ あるいています。

6	▸ よんでみます。 ▸ よんでいます。
7	▸ のってみます。 ▸ のっています。
8	▸ よんでみます。 ▸ よんでいます。
9	▸ たべてみます。 ▸ たべています。
10	▸ してみます。 ▸ しています。

메인요리 ❸ - 메인요리 즐기기

P.109

1	▸ のんでもいい。 ▸ のんでもいいです。 ▸ のんではいけない。 ▸ のんではいけないです。 = のんではいけません。
2	▸ あそんでもいい。 ▸ あそんでもいいです。 ▸ あそんではいけない。 ▸ あそんではいけないです。 = あそんではいけません。
3	▸ いそいでもいい。 ▸ いそいでもいいです。 ▸ いそいではいけない。 ▸ いそいではいけないです。 = いそいではいけません。
4	▸ およいでもいい。 ▸ およいでもいいです。 ▸ およいではいけない。 ▸ およいではいけないです。 = およいではいけません。

DAY 10

메인요리 ❶ - 메인요리 즐기기

P.115

た형(~했다)	
買(か)った	샀다
会(あ)った	만났다
待(ま)った	기다렸다
持(も)った	들었다
乗(の)った	탔다
切(き)った	잘랐다
飲(の)んだ	마셨다
読(よ)んだ	읽었다
遊(あそ)んだ	놀았다
呼(よ)んだ	불렀다
死(し)んだ	죽었다
歩(ある)いた	걸었다
書(か)いた	썼다
急(いそ)いだ	서둘렀다
泳(およ)いだ	헤엄쳤다
貸(か)した	빌려줬다
話(はな)した	이야기했다
行(い)った	갔다

메인요리 ❷ - 메인요리 즐기기 P.117

た형(~했다)	
見(み)た	봤다
いた	있었다
起(お)きた	일어났다
着(き)た	입었다
借(か)りた	빌렸다
降(お)りた	내렸다
覚(おぼ)えた	기억했다
教(おし)えた	가르쳤다
閉(し)めた	닫았다
食(た)べた	먹었다
出(で)た	나왔다
寝(ね)た	잤다
疲(つか)れた	지쳤다
見(み)せた	보여줬다
忘(わす)れた	잊었다
決(き)めた	정했다

메인요리 ❸ - 메인요리 즐기기 P.119

た형(~했다)	
した 하다	했다
きた 오다	왔다
勉強(べんきょう)した	공부했다
料理(りょうり)した	요리했다
運動(うんどう)した	운동했다
旅行(りょこう)した	여행했다
質問(しつもん)した	질문했다

동사 た형 만드는 공식

그룹	た형
1그룹	끝이 う・つ・る ➡ った
	끝이 む・ぶ・ぬ ➡ んだ
	끝이 く・ぐ ➡ いた・いだ
	끝이 す ➡ した
2그룹	る ➡ た
3그룹	する ➡ した
	来(く)る ➡ 来(き)た

DAY 11

메인요리 ❶ - 메인요리 즐기기 P.125

1	▸ のんだ。 ▸ のんだことがあります。 ▸ のんだことがないです。 = のんだことがありません。
2	▸ いった。 ▸ いったことがあります。 ▸ いったことがないです。 = いったことがありません。
3	▸ きいた。 ▸ きいたことがあります。 ▸ きいたことがないです。 = きいたことがありません。
4	▸ のった。 ▸ のったことがあります。 ▸ のったことがないです。 = のったことがありません。
5	▸ おくれた。 ▸ おくれたことがあります。 ▸ おくれたことがないです。 = おくれたことがありません。

메인요리 ❷ - 메인요리 즐기기 P.127

1	▸ やめた。 ▸ やめたほうがいい。 ▸ やめたほうがいいです。
2	▸ やすんだ。 ▸ やすんだほうがいい。 ▸ やすんだほうがいいです。
3	▸ かくにんする。 ▸ かくにんしたほうがいい。 ▸ かくにんしたほうがいいです。
4	▸ よやくした。 ▸ よやくしたほうがいい。 ▸ よやくしたほうがいいです。
5	朝(あさ)ごはんを食(た)べたあと
6	仕事(しごと)が終(お)わったあと
7	シャワーをあびたあと

메인요리 ③ - 메인요리 즐기기 P.129

た형 (~했다)	たり형 (~하기도 하고)	たら형 (~하면)
買(か)った	買(か)ったり	買(か)ったら
会(あ)った	会(あ)ったり	会(あ)ったら
待(ま)った	待(ま)ったり	待(ま)ったら
乗(の)った	乗(の)ったり	乗(の)ったら
飲(の)んだ	飲(の)んだり	飲(の)んだら
遊(あそ)んだ	遊(あそ)んだり	遊(あそ)んだら
死(し)んだ	死(し)んだり	死(し)んだら
歩(ある)いた	歩(ある)いたり	歩(ある)いたら
泳(およ)いだ	泳(およ)いだり	泳(およ)いだら
話(はな)した	話(はな)したり	話(はな)したら
行(い)った	行(い)ったり	行(い)ったら
着(き)た	着(き)たり	着(き)たら
借(か)りた	借(か)りたり	借(か)りたら
教(おし)えた	教(おし)えたり	教(おし)えたら
寝(ね)た	寝(ね)たり	寝(ね)たら
した	したり	したら
きた	きたり	きたら
勉強(べんきょう)した	勉強(べんきょう)したり	勉強(べんきょう)したら
料理(りょうり)した	料理(りょうり)したり	料理(りょうり)したら
質問(しつもん)した	質問(しつもん)したり	質問(しつもん)したら

DAY 12

메인요리 ① - 메인요리 즐기기 P.135

ない형	의미
買(か)わない	사지 않다
会(あ)わない	만나지 않다
待(ま)たない	기다리지 않다
持(も)たない	들지 않다
乗(の)らない	타지 않다
切(き)らない	자르지 않다
飲(の)まない	마시지 않다
読(よ)まない	읽지 않다
遊(あそ)ばない	놀지 않다
呼(よ)ばない	부르지 않다
死(し)なない	죽지 않다
歩(ある)かない	걷지 않다
書(か)かない	쓰지 않다
行(い)かない	가지 않다
急(いそ)がない	서두르지 않다
泳(およ)がない	헤엄치지 않다
貸(か)さない	빌려주지 않다
話(はな)さない	이야기하지 않다

메인요리 ❷ - 메인요리 즐기기 P.137

ない형	의미
見(み)ない	보지 않다
いない	있지 않다
起(お)きない	일어나지 않다
着(き)ない	입지 않다
借(か)りない	빌리지 않다
降(お)りない	내리지 않다
覚(おぼ)えない	기억하지 않다
教(おし)えない	가르치지 않다
閉(し)めない	닫지 않다
食(た)べない	먹지 않다
出(で)ない	나오지 않다
寝(ね)ない	자지 않다
疲(つか)れない	지치지 않다
見(み)せない	보여주지 않다
忘(わす)れない	잊지 않다
決(き)めない	정하지 않다

메인요리 ❸ - 메인요리 즐기기 P.139

ない형	의미
しない	하지 않다
こない	오지 않다
勉強(べんきょう)しない	공부하지 않다
勉強(べんきょう)しない	요리하지 않다
運動(うんどう)しない	운동하지 않다
旅行(りょこう)しない	여행하지 않다

DAY 13

메인요리 ❶ - 메인요리 즐기기 P.145

1 ▸ さわらないでください。

2 ▸ たべないでください。

3 ▸ はいらないでください。

4 ▸ たばこをすわないでください。

5 ▸ ごみをすてないでください。

6 ▸ ケータイをつかわないでください。

7 ▸ およがないでください。

8 ▸ しゃしんをとらないでください。

메인요리 ❷ - 메인요리 즐기기 P.147

1
▸ かえさない。
▸ かえさなくてもいいです。
▸ かえさなければならないです。
= かえさなければなりません。

2
▸ かえらない。
▸ かえらなくてもいいです。
▸ かえらなければならないです。
= かえらなければなりません。

3
▸ みせない。
▸ みせなくてもいいです。
▸ みせなければならないです。
= みせなければなりません。

4
▸ しゅっぱつしない。
▸ しゅっぱつしなくてもいいです。
▸ しゅっぱつしなければならないです。
= しゅっぱつしなければなりません。

5
▸ こない。
▸ こなくてもいいです。
▸ こなければならないです。
= こなければなりません。

메인요리 ❸ - 메인요리 즐기기 P.149

1
▸ はらわない。
▸ はらわないと～
▸ はらわないほうがいい。

2
▸ いかない。
▸ いかないと～
▸ いかないほうがいい。

3
▸ いそがない。
▸ いそがないと～
▸ いそがないほうがいい。

4
▸ のらない。
▸ のらないと～
▸ のらないほうがいい。

5
▸ でない。
▸ でないと。
▸ でないほうがいい。

6
▸ そうじしない。
▸ そうじしないと～
▸ そうじしないほうがいい。

7
▸ こない。
▸ こないと～
▸ こないほうがいい。

DAY 14

메인요리 ❶ - 메인요리 즐기기 P.155

의지 · 권유형(よう)	
買(か)おう	사야지, 사자
歩(ある)こう	걸어야지, 걷자
急(いそ)ごう	서둘러야지, 서두르자
返(かえ)そう	반납해야지, 반납하자
待(ま)とう	기다려야지, 기다리자
死(し)のう	죽어야지, 죽자
遊(あそ)ぼう	놀아야지, 놀자
飲(の)もう	마셔야지, 마시자
乗(の)ろう	타야지, 타자
帰(かえ)ろう	돌아가야지, 돌아가자
走(はし)ろう	달려야지, 달리자
見(み)よう	봐야지, 보자
起(お)きよう	일어나야지, 일어나자
食(た)べよう	먹어야지, 먹자
寝(ね)よう	자야지, 자자
こよう	와야지, 오자
しよう	해야지, 하자

메인요리 ❷ - 메인요리 즐기기 P.157

1	▸ いこうと思(おも)います。 ▸ いくつもりです。
2	▸ あるこうと思(おも)います。 ▸ あるくつもりです。
3	▸ いそごうと思(おも)います。 ▸ いそぐつもりです。
4	▸ まとうと思(おも)います。 ▸ まつつもりです。
5	▸ のろうと思(おも)います。 ▸ のるつもりです。
6	▸ おきようと思(おも)います。 ▸ おきるつもりです。
7	▸ ねようと思(おも)います。 ▸ ねるつもりです。
8	▸ たべようと思(おも)います。 ▸ たべるつもりです。
9	▸ こようと思(おも)います。 ▸ くるつもりです。
10	▸ しようと思(おも)います。 ▸ するつもりです。

메인요리 ❸ - 메인요리 즐기기 P.159

가능형	
買える	살 수 있다
行ける	갈 수 있다
書ける	쓸 수 있다
話せる	이야기할 수 있다
待てる	기다릴 수 있다
死ねる	죽을 수 있다
遊べる	놀 수 있다
飲める	마실 수 있다
乗れる	탈 수 있다
入れる	들어갈 수 있다
切れる	자를 수 있다
見られる	볼 수 있다
起きられる	일어날 수 있다
食べられる	먹을 수 있다
寝られる	잘 수 있다
こられる	올 수 있다
できる	할 수 있다

후루룩 문법&표현 모음집

● 위치 표현

DAY 2

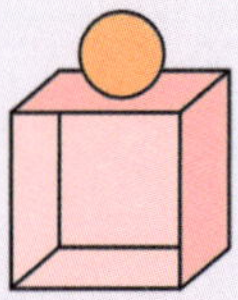	우 에 위 上 うえ		히 다 리 왼쪽 左 ひだり
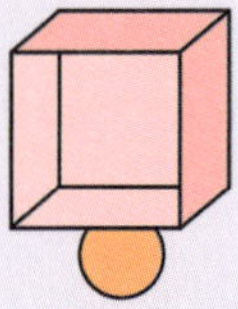	시 타 아래 下 した		미 기 오른쪽 右 みぎ
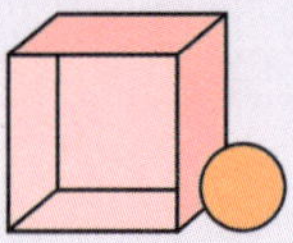	소 또 밖 外 そと		아 이 다 사이 間 あいだ
	나 까 안/속 中 なか		토 나 리 옆 隣 となり
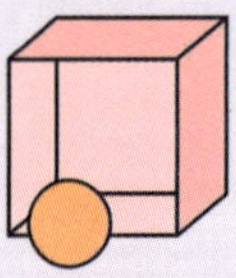	마 에 앞 前 まえ		무 코 - 건너편 向こう むこう
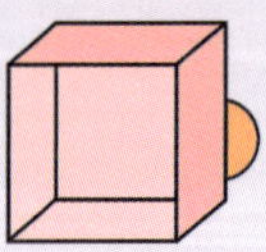	우 시 로 뒤 後ろ うしろ		찌 까 꾸 근처 近く ちかく

위치 표현 빈칸 채우기

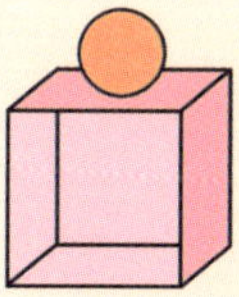	위		왼쪽
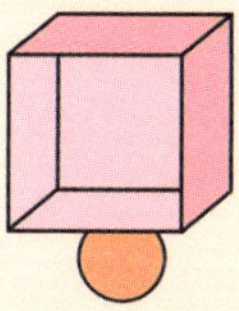	아래		오른쪽
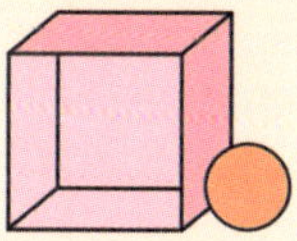	밖		사이
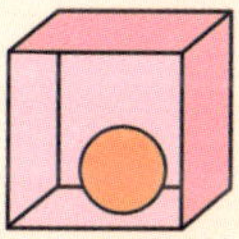	안/속		옆
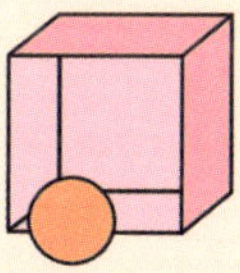	앞		건너편
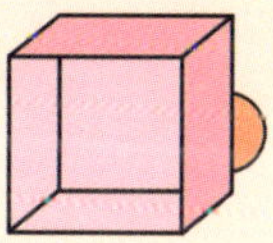	뒤		근처

● 지시대명사 표현

DAY 2

	こ	そ	あ	ど
사물	これ 이것	それ 그것	あれ 저것	どれ 어느 것
위치	ここ 여기	そこ 거기	あそこ 저기	どこ 어디
방향	こちら 이쪽	そちら 그쪽	あちら 저쪽	どちら 어느 쪽
명사 수식	この+명사 이~	その+명사 그~	あの+명사 저~	どの+명사 어느~

● 숫자 표현

DAY 5

0	ぜろ/れい	11	じゅういち	40	よんじゅう
1	いち	12	じゅうに	50	ごじゅう
2	に	13	じゅうさん	60	ろくじゅう
3	さん	14	じゅうよん	70	ななじゅう
4	よん/し/よ ※	15	じゅうご	80	はちじゅう
5	ご	16	じゅうろく	90	きゅうじゅう
6	ろく	17	じゅうしち/じゅうなな	100	ひゃく
7	なな/しち ※	18	じゅうはち	1000	せん
8	はち	19	じゅうきゅう/ じゅうく	10000	いちまん
9	きゅう/く ※	20	にじゅう		
10	じゅう	30	さんじゅう		

※ 숫자 4: よん (일반적), 4시나 4월처럼 정해진 관용 표현일 때 よ나 し로 읽힘

※ 숫자 7: なな(しち로 읽기도 함), しち(7시나 7월처럼 관용적으로 굳어진 경우)

※ 숫자 9: きゅう(일반적), く(9시, 9월처럼 관용적으로 굳어진 경우)

※ 숫자 10부터는 11(じゅういち), 12(じゅうに)처럼 10(じゅう)과 일의 자리 숫자를 연결

지시대명사 표현 빈칸 채우기

	こ	そ	あ	ど
사물				
위치				
방향				
명사 수식				

숫자 표현 빈칸 채우기

0		11		40	
1		12		50	
2		13		60	
3		14		70	
4		15		80	
5		16		90	
6		17		100	
7		18		1000	
8		19		10000	
9		20			
10		30			

시간 표현

DAY 5

	~時 / ~시	~分 / ~분	~月 / ~월
1	いちじ	いっぷん	いちがつ
2	にじ	にふん	にがつ
3	さんじ	さんぷん	さんがつ
4	よじ	よんぷん	しがつ
5	ごじ	ごふん	ごがつ
6	ろくじ	ろっぷん	ろくがつ
7	しちじ	ななふん	しちがつ
8	はちじ	はっぷん	はちがつ
9	くじ	きゅうふん	くがつ
10	じゅうじ	じゅっぷん	じゅうがつ
11	じゅういちじ	じゅういっぷん	じゅういちがつ
12	じゅうにじ	じゅうにふん	じゅうにがつ
20		にじゅっぷん	
30		さんじゅっぷん/ はん(半/반)	
몇	なんじ	なんぷん	なんがつ

시간 표현 빈칸 채우기

	~時 / ~시	~分 / ~분	~月 / ~월
1			
2			
3			
4			
5			
6			
7			
8			
9			
10			
11			
12			
20			
30			
몇			

● 요일과 날짜 표현

일 にちようび 日曜日	월 げつようび 月曜日	화 かようび 火曜日	수 すいようび 水曜日	목 もくようび 木曜日	금 きんようび 金曜日	토 どようび 土曜日
	1日 ついたち	2日 ふつか	3日 みっか	4日 よっか	5日 いつか	6日 むいか
7日 なのか	8日 ようか	9日 ここのか	10日 とおか	11日 じゅう いちにち	12日 じゅうに にち	13日 じゅう さんにち
14日 じゅう よっか	15日 じゅうご にち	16日 じゅう ろくにち	17日 じゅう しちにち	18日 じゅう はちにち	19日 じゅうく にち	20日 はつか
21日 にじゅう いちにち	22日 にじゅう ににち	23日 にじゅう さんにち	24日 にじゅう よっか	25日 にじゅう ごにち	26日 にじゅう ろくにち	27日 にじゅう しちにち
28日 にじゅう はちにち	29日 にじゅう くにち	30日 さんじゅう にち	31日 さんじゅう いちにち			何日 なんにち

요일과 날짜 표현 빈칸 채우기

일	월	화	수	목	금	토
	1日	2日	3日	4日	5日	6日
7日	8日	9日	10日	11日	12日	13日
14日	15日	16日	17日	18日	19日	20日
21日	22日	23日	24日	25日	26日	27日
28日	29日	30日	31日			何日

오늘과 관련된 시간 표현

DAY 1

그저께	어제	오늘	내일	내일모레
おととい (一昨日)	きのう 昨日	きょう 今日	あした 明日	あさって (明後日)
지지난주	**지난주**	**이번 주**	**다음 주**	**다다음 주**
せんせんしゅう (先々週)	せんしゅう 先週	こんしゅう 今週	らいしゅう 来週	さらいしゅう (再来週)
지지난달	**지난달**	**이번 달**	**다음 달**	**다다음 달**
せんせんげつ (先々月)	せんげつ 先月	こんげつ 今月	らいげつ 来月	さらいげつ (再来月)
재작년	**작년**	**올해**	**내년**	**내후년**
おととし (一昨年)	きょねん 去年	ことし 今年	らいねん 来年	あさって (明後日)

오늘과 관련된 시간 표현 빈칸 채우기

그저께	어제	오늘	내일	내일모레
지지난주	지난주	이번 주	다음 주	다다음 주
지지난달	지난달	이번 달	다음 달	다다음 달
재작년	작년	올해	내년	내후년

● 명사문의 패턴

DAY 1

구분	보통형(반말)		정중형	
긍정	本(ほん)だ	책이다	本(ほん)です	책이에요
부정	本(ほん)じゃ ない	책이 아니다	本(ほん)じゃ ないです 本(ほん)じゃ ありません	책이 아니예요
과거	本(ほん)だった	책이었다	本(ほん)でした	책이었어요
과거 부정	本(ほん)じゃ なかった	책이 아니었다	本(ほん)じゃ なかったです 本(ほん)じゃ ありませんでした	책이 아니었어요

※ じゃ(회화체)는 では(문장체)로 바꿔 쓸 수 있음.

● な형용사의 패턴

DAY 4

구분	보통형(반말)		정중형	
긍정	ひまだ	한가하다	ひまです	한가해요
부정	ひまじゃ ない	한가하지 않다	ひまじゃ ないです ひまじゃ ありません	한가하지 않아요
과거	ひまだった	한가했다	ひまでした	한가했어요
과거 부정	ひまじゃ なかった	한가하지 않았다	ひまじゃ なかったです ひまじゃ ありませんでした	한가하지 않았어요

※じゃ(회화체)는 では(문장체)로 바꿔 쓸 수 있음.

명사문의 패턴 빈칸 채우기

구분	보통형(반말)	정중형
긍정	책이다	책이에요
부정	책이 아니다	책이 아니예요
과거	책이었다	책이었어요
과거 부정	책이 아니었다	책이 아니었어요

な형용사의 패턴 빈칸 채우기

구분	보통형(반말)	정중형
긍정	한가하다	한가해요
부정	한가하지 않다	한가하지 않아요
과거	한가했다	한가했어요
과거 부정	한가하지 않았다	한가하지 않았어요

い형용사의 패턴

DAY 3

구분	보통형(반말)		정중형	
긍정	あつい	덥다	あついです	더워요
부정	あつく ない	덥지 않다	あつく ないです あつく ありません	덥지 않아요
과거	あつかった	더웠다	あつかったです	더웠어요
과거 부정	あつく なかった	덥지 않았다	あつく なかったです あつく ありませんでした	덥지 않았어요

い형용사 いい · よい(좋다)의 활용

DAY 3

구분	보통형(반말)		정중형	
긍정	いい · よい	좋다	いいです · よいです	좋아요
부정	よく ない	좋지 않다	よく ないです よく ありません	좋지 않아요
과거	よかった	좋았다	よかったです	좋았어요
과거 부정	よく なかった	좋지 않았다	よく なかったです よく ありませんでした	좋지 않았어요

※い형용사 중 いい(좋다)는 활용 시, 반드시 よい를 사용

い형용사의 패턴 빈칸 채우기

구분	보통형(반말)	정중형
긍정	덥다	더워요
부정	덥지 않다	덥지 않아요
과거	더웠다	더웠어요
과거 부정	덥지 않았다	덥지 않았어요

い형용사 いい・よい(좋다)의 활용 빈칸 채우기

구분	보통형(반말)	정중형
긍정	좋다	좋아요
부정	좋지 않다	좋지 않아요
과거	좋았다	좋았어요
과거 부정	좋지 않았다	좋지 않았어요

● 동사 접속 활용표1

➔ DAY 6~14

사전형	ない형 (~지 않다)	ます형 (~합니다)	명사 수식형 (~할+명사)	가능형 (~할 수 있다)	의지・권유형 (~해야지 ・~하자)
1그룹	u → aない	u → iます	u+명사	u → e+る	u → o+う
行(い)く 가다	行(い)かない	行(い)きます	行(い)く時(とき)	行(い)ける	行(い)こう
待(ま)つ 기다리다	待(ま)たない	待(ま)ちます	待(ま)つ時(とき)	待(ま)てる	待(ま)とう
作(つく)る 만들다	作(つく)らない	作(つく)ります	作(つく)る時(とき)	作(つく)れる	作(つく)ろう
急(いそ)ぐ 서두르다	急(いそ)がない	急(いそ)ぎます	急(いそ)ぐ時(とき)	急(いそ)げる	急(いそ)ごう
会(あ)う 만나다	会(あ)わない	会(あ)います	会(あ)う時(とき)	会(あ)える	会(あ)おう
帰(かえ)る 돌아가다	帰(かえ)らない	帰(かえ)ります	帰(かえ)る時(とき)	帰(かえ)れる	帰(かえ)ろう
2그룹	る → ない	る → ます	る+명사	る → られる	る→よう
食(た)べる 먹다	食(た)べない	食(た)べます	食(た)べる時(とき)	食(た)べられる	食(た)べよう
見(み)る 보다	見(み)ない	見(み)ます	見(み)る時(とき)	見(み)られる	見(み)よう
3그룹			불규칙		
する 하다	しない	します	する時(とき)	できる	しよう
くる 오다	こない	きます	くる時(とき)	こられる	こよう

※ 예외 1그룹 동사: 帰(かえ)る와 같이 2그룹처럼 생겼지만, 1그룹인 동사

※ 동사 사전형 + 時(とき): ~할 때

● 동사 접속 활용표1 빈칸 채우기

사전형	ない형 (~지 않다)	ます형 (~합니다)	명사 수식형 (~할+명사)	가능형 (~할 수 있다)	의지・권유형 (~해야지 ・~하자)
1그룹	u → aない	u → iます	u+명사	u → e+る	u → o+う
行く 가다					
待つ 기다리다					
作る 만들다					
急ぐ 서두르다					
会う 만나다					
帰る 돌아가다					
2그룹	る → ない	る → ます	る+명사	る → られる	る→よう
食べる 먹다					
見る 보다					
3그룹			불규칙		
する 하다					
くる 오다					

● 동사 접속 활용표2

DAY 6~14

사전형	연결형(て형) (~하고, ~해서)	과거형(た형) (~했다)	열거(たり형) (~하거나)	조건(たら형) (~하면, 했더니)
1그룹	う・つ・る→って む・ぶ・ぬ→んで く・ぐ→いて・いで す→して	う・つ・る→った む・ぶ・ぬ→んだ く・ぐ→いた・いだ す→した	う・つ・る→ったり む・ぶ・ぬ→んだり く・ぐ→いたり・いだり す→したり	う・つ・る→ったら む・ぶ・ぬ→んだら く・ぐ→いたら・いだら す→したら
会(あ)う 만나다	会(あ)って	会(あ)った	会(あ)ったり	会(あ)ったら
待(ま)つ 기다리다	待(ま)って	待(ま)った	待(ま)ったり	待(ま)ったら
作(つく)る 만들다	作(つく)って	作(つく)った	作(つく)ったり	作(つく)ったら
帰(かえ)る 돌아가다	帰(かえ)って	帰(かえ)った	帰(かえ)ったり	帰(かえ)ったら
飲(の)む 마시다	飲(の)んで	飲(の)んだ	飲(の)んだり	飲(の)んだら
遊(あそ)ぶ 놀다	遊(あそ)んで	遊(あそ)んだ	遊(あそ)んだり	遊(あそ)んだら
死(し)ぬ 죽다	死(し)んで	死(し)んだ	死(し)んだり	死(し)んだら
書(か)く 쓰다	書(か)いて	書(か)いた	書(か)いたり	書(か)いたら
急(いそ)ぐ 서두르다	急(いそ)いで	急(いそ)いだ	急(いそ)いだり	急(いそ)いだら
話(はな)す 말하다	話(はな)して	話(はな)した	話(はな)したり	話(はな)したら
行(い)く 가다 ※	行(い)って	行(い)った	行(い)ったり	行(い)ったら
2그룹	る→て	る→た	る→たり	る→たら
食(た)べる 먹다	食(た)べて	食(た)べた	食(た)べたり	食(た)べたら
見(み)る 보다	見(み)て	見(み)た	見(み)たり	見(み)たら
3그룹	불규칙			
する 하다	して	した	したり	したら
くる 만들다	きて	きた	きたり	きたら

※ '行(い)く(가다)'의 경우, く 끝나는 동사이지만, 예외적으로 다른 활용을 합니다.

● 동사 접속 활용표2 빈칸 채우기

사전형	연결형(て형) (~하고, ~해서)	과거형(た형) (~했다)	열거(たり형) (~하거나)	조건(たら형) (~하면, 했더니)
1그룹	う・つ・る→って む・ぶ・ぬ→んで く・ぐ→いて・いで す→して	う・つ・る→った む・ぶ・ぬ→んだ く・ぐ→いた・いだ す→した	う・つ・る→ったり む・ぶ・ぬ→んだり く・ぐ→いたり・いだり す→したり	う・つ・る→ったら む・ぶ・ぬ→んだら く・ぐ→いたら・いだら す→したら
会う(あ) 만나다				
待つ(ま) 기다리다				
作る(つく) 만들다				
帰る(かえ) 돌아가다				
飲む(の) 마시다				
遊ぶ(あそ) 놀다				
死ぬ(し) 죽다				
書く(か) 쓰다				
急ぐ(いそ) 서두르다				
話す(はな) 말하다				
行く(い) 가다				
2그룹	る→て	る→た	る→たり	る→たら
食べる(た) 먹다				
見る(み) 보다				
3그룹		불규칙		
する 하다				
くる 만들다				

MEMO